聆聽星雲大師親誦的慈音

佛光祈願文

20週年精選

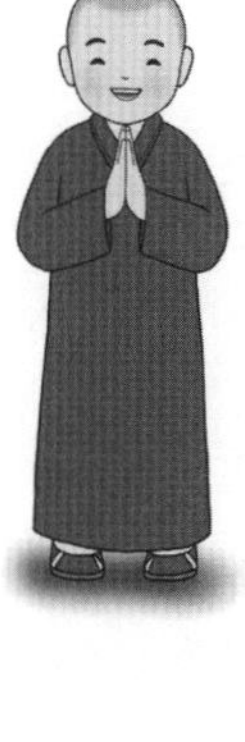

佛光祈願文

20週年精選

01 向阿彌陀佛祈願文

慈悲偉大的阿彌陀佛！
我每天來到您的座前，
以極為恭敬虔誠的心情，
稱念您的聖號，
禮拜您的金容，
您的白毫光明照亮整個宇宙，
您的法眼有如海水一樣清澈。
我們由衷地感謝您在久遠劫前，
發四十八願救度我們。
您於十劫前圓滿佛道，
莊嚴了極樂淨土。
您那裡，

七寶池中蓮華朵朵，
八功德水柔軟清涼，
行樹樓閣井然有序，
香風時來舒悅眾心，
梵音妙樂處處飄盪，
奇花異鳥宣揚佛法，
衣食無缺隨心所現，
諸上善人聚會一處，
每日清旦供養諸佛。
慈悲偉大的阿彌陀佛！
我要向您傾訴，
在我們這個五濁惡世裡，

我們的憂苦如大海般的深沉，
我們的煩惱像蔓草般的綿延。
祈求您以慈誓攝受我，
願我在夢寐之際，
能夠見到您的金身，
能夠遊歷您的淨土，
能夠得到您的甘露灌頂，
能夠得到您的光明觸照，
讓我消除宿業，
讓我增長善根，
讓我減少煩惱，
讓我提升願力。
祈求您以悲心度化我，

讓我在世緣已了時，
能夠預知時至，身無病苦；
能夠心無顛倒，正念分明。
祈求您和菩薩聖眾，
手持金台，放光接引；
讓所有見聞的人，
都能歡喜讚歎，發菩提心；
都能聞妙法音，獲無生忍；
願所有的眾生，
都能夠同生西方，永不退轉。
慈悲偉大的佛陀！
請求您接受我至誠的祈願，
請求您接受我至誠的祈願。

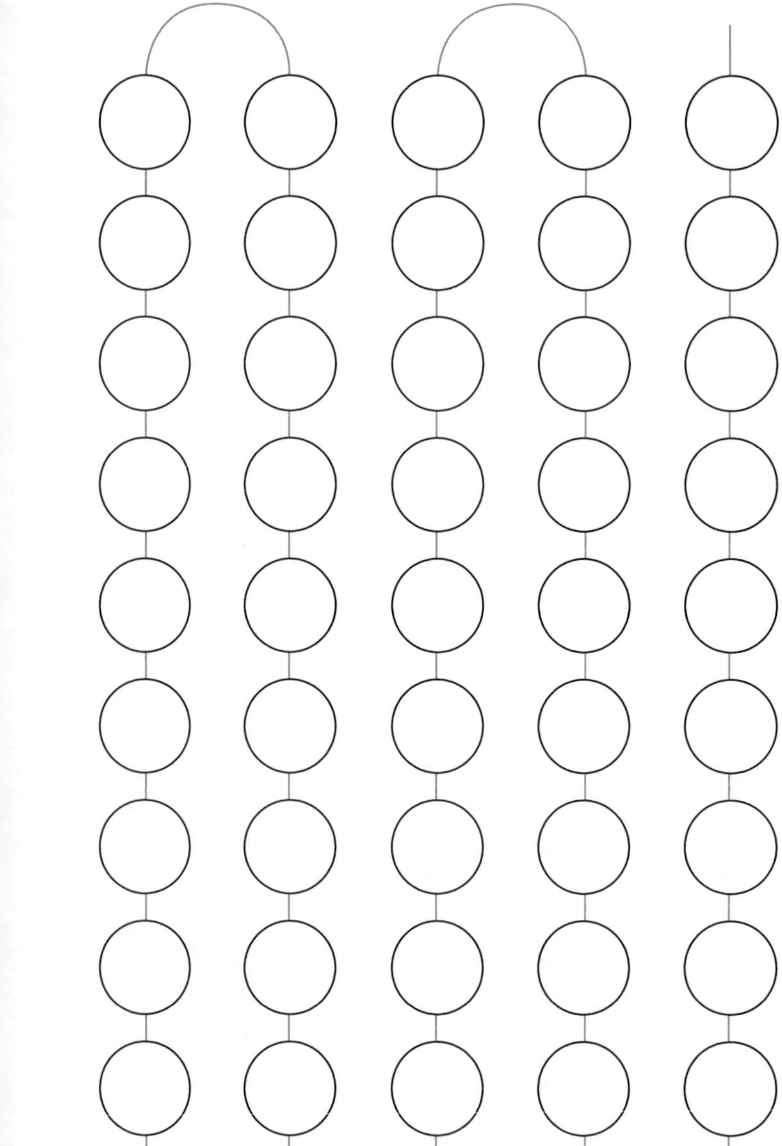

108

02 向藥師如來祈願文

慈悲偉大的藥師如來！
請您垂聽我的報告，
今天世界上的苦難實在是太多了！
政治經濟的動盪，
地水火風的災變，
往往使人們在瞬息之間，
失去了所有的一切。
那四大不調，纏綿病榻的痛苦，
即使英雄好漢也呻吟難安；
那貪瞋愚癡，煩惱叢生的業海，
有如波濤洶湧地翻滾不停。
慈悲偉大的藥師如來！

我今天虔誠地——
稱念您的名號，
禮敬您的聖容，
不只是祈求您能加被我個人，
更希望眾生都得到您的庇護，
在這個五濁惡世裡，
天災人禍是共業所感召；
在這個娑婆穢土中，
身心疾苦是煩惱所造成。
如果要徹底消除災難，
先得消除自己的罪業；
如果要建立琉璃淨土，

先得淨化自己的身心。
所以我要祈求藥師如來您，
消除我們的貪婪瞋恚，
消除我們的無明鬥爭。
我們願將所有善根功德，
回向法界一切眾生。
更祈求您以神力加被我們，
我在您的面前也發如是清淨本願：
第一願：願所有眾生平等自在，
第二願：願所作事業利益大眾，
第三願：願驚慌恐怖從此遠離，
第四願：願一切有情安住菩提，

第五願：願天災人禍消失無形，
第六願：願殘缺眾生復健正常，
第七願：願病苦眾生恢復健康，
第八願：願人際關係溝通調和，
第九願：願邪見眾生改邪歸正，
第十願：願受冤囚者平反冤屈，
第十一願：願社會大眾豐衣足食，
第十二願：願所有眾生包容尊重。
祈求您施捨大慈大悲，
讓我們人間也能建設琉璃淨土。
慈悲偉大的藥師如來！
請求您接受我至誠的祈願，
請求您接受我至誠的祈願。

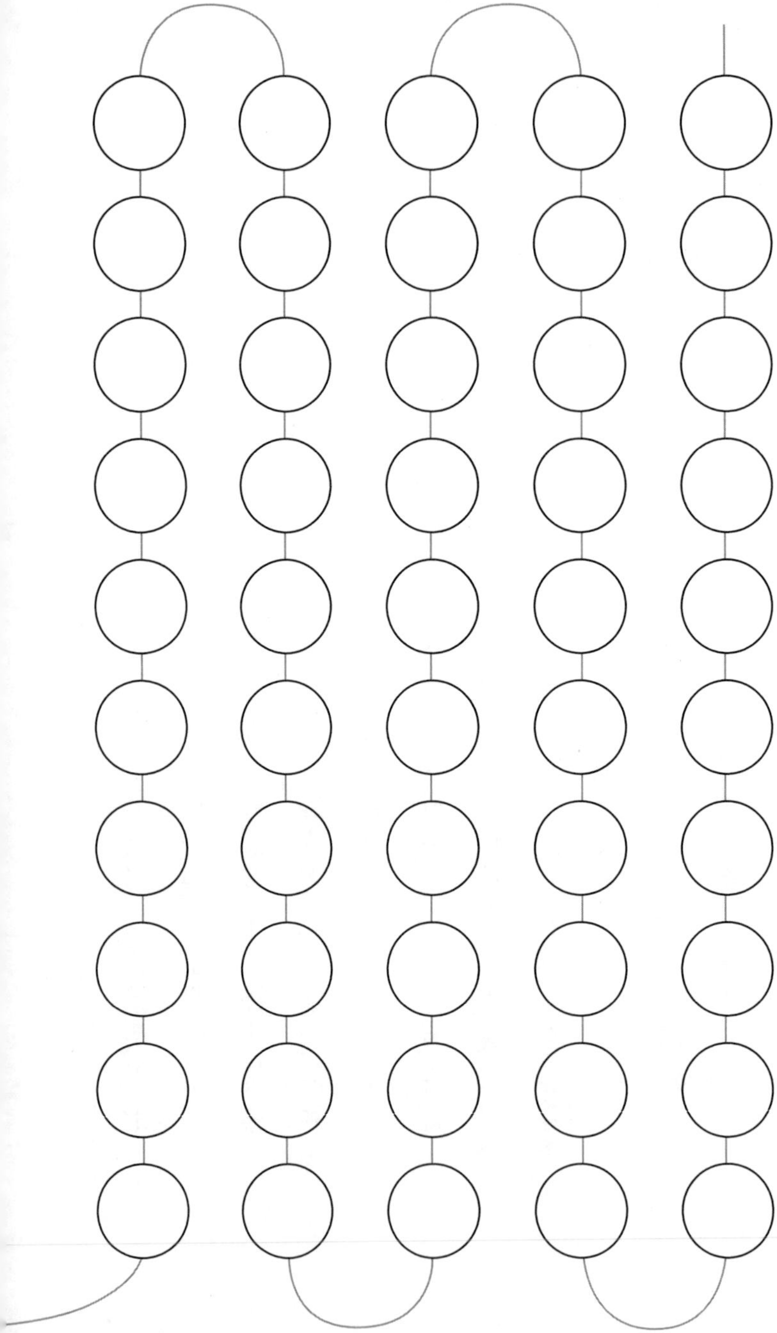

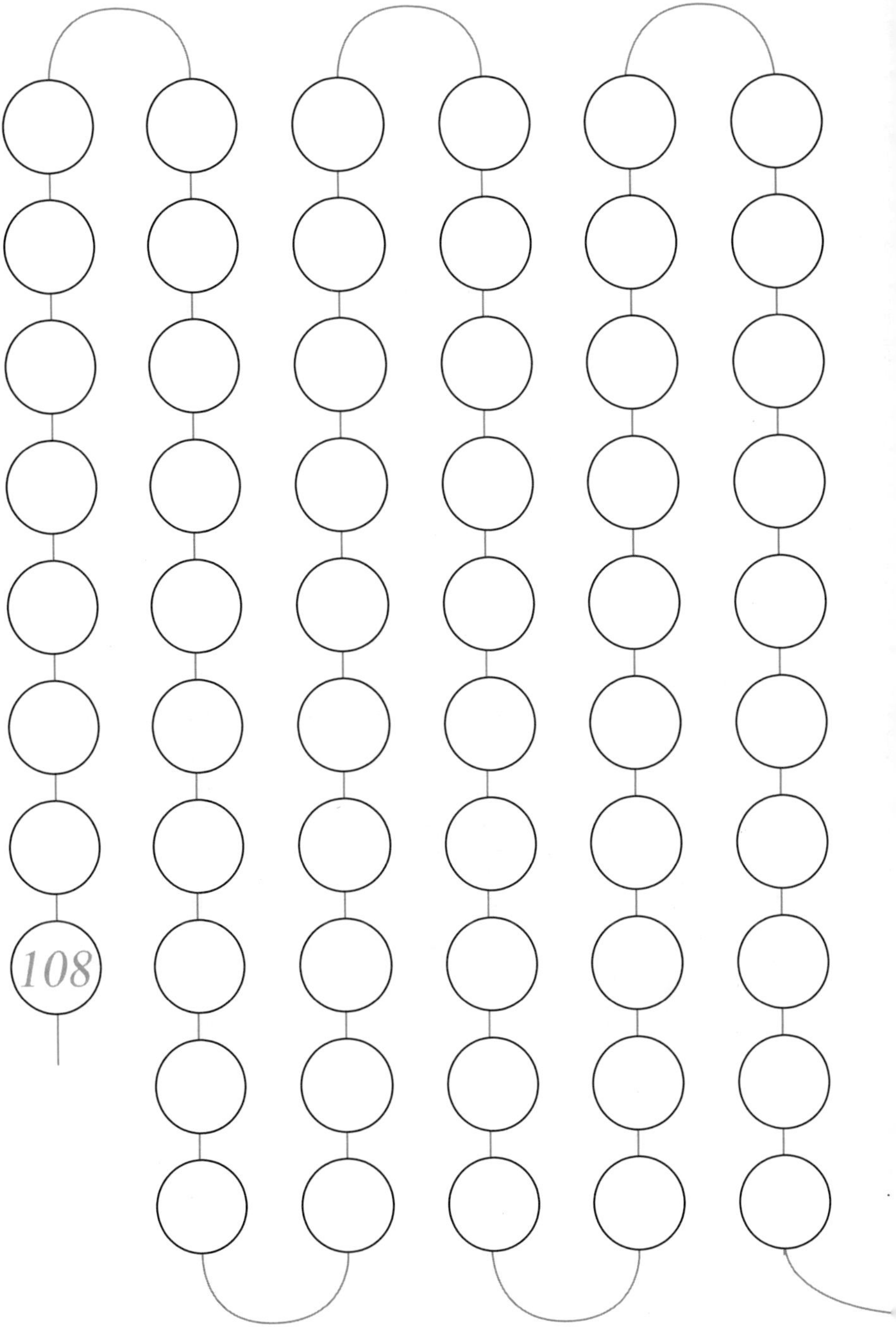
108

03 向觀世音菩薩祈願文

慈悲偉大的觀世音菩薩！
請您救苦救難，
慈悲地垂聽弟子的發露懺悔：
我自懂事以來，
總覺得生命不很安穩；
我在世間生活，
常感到事情不很適意；
慈悲偉大的觀世音菩薩！
每當我仰望您的慈容時，
我的心靈才感到清涼自在；
每當我稱念您的聖號時，
我的精神才得到解脫舒暢。

面對聖潔的您，我感到好慚愧啊！
您如海洋，我似井水；
您如日月，我似螢光；
您如山岳，我似丘陵；
您如獅王，我似小鼠。
您累劫勤苦，還要倒駕慈航；
您難行能行，還要尋聲救苦。
我何人也？
我何不能！
慈悲偉大的觀世音菩薩！
祈求您以弘誓攝我，
祈求您以悲願度我。

讓我能擁有您的無畏圓通，
我若向惡人，惡人自感化；
我若向暴徒，瞋怒自息滅；
我若向魔外，邪心自調伏；
我若向愚癡，當得大智慧。
慈悲偉大的觀世音菩薩！
祈求您以慈雲覆我，
我要學習您利濟群生的精神，
用慈眼觀察眾生的需求，
用耳朵傾聽眾生的痛苦，
用美言安慰眾生的煩憂，
用雙手撫平眾生的創傷。
慈悲偉大的觀世音菩薩！

我要以您的解脫自在為榜樣，
從今以後，
我要遠離顛倒妄想，
觀人自在；
我要遠離分別臆測，
觀境自在；
我要遠離執著纏縛，
觀事自在；
我要遠離五欲塵勞，
觀心自在。
慈悲偉大的觀世音菩薩！
請求您接受我至誠的祈願，
請求您接受我至誠的祈願。

108

04 為世界和平祈願文

慈悲偉大的佛陀！
我虔誠地跪在您座前，
請您垂聽我向您訴說心事，
國際間的戰火發出隆隆的砲聲，
人我間的口舌發出惡毒的罵聲，
欲望裡的洪流洶湧澎湃的翻滾，
族群中的仇恨生生不息的蔓延。
我張開雙眼仔細觀察，
了解到人間的苦惱重重，
肇因於我見、人見、眾生見；
我開啟心扉靜靜思維，
體悟到世界的風雲多變，

起源於事執、法執、人我執。
人際之間的黨同伐異，
導致了多少紛爭；
種族之間的歧視凌虐，
釀成了多少災難；
宗教之間的排斥傾軋，
造成了多少禍患；
國際之間的交相爭利，
造成了多少戰亂。
我們生活在這樣的世間上，
每天在恐怖中不能自在，
每天在顛倒中不能安然。

慈悲偉大的佛陀！
請垂聽我向您祈求的願望：
願這個世界上，
沒有嫉妒，只有讚歎；
沒有瞋恨，只有祥和；
沒有貪欲，只有喜捨；
沒有傷害，只有成就。
慈悲偉大的佛陀！
您曾說：
「心、佛、眾生，三無差別。」
「你、我、他人，一切平等。」
我們要學習您的智慧，
拉近人我間的距離；

我們要學習您的無我，
消除眾生們的執著；
我們要學習您的慈悲，
化解國際上的干戈；
我們要學習您的佛光，
照破世間裡的黑暗。
慈悲偉大的佛陀！
請求您接受我至誠的祈願；
請您給世界和平吧！
請您給眾生安樂吧！
慈悲偉大的佛陀！
請求您接受我誠懇的祈願，
請求您接受我誠懇的祈願。

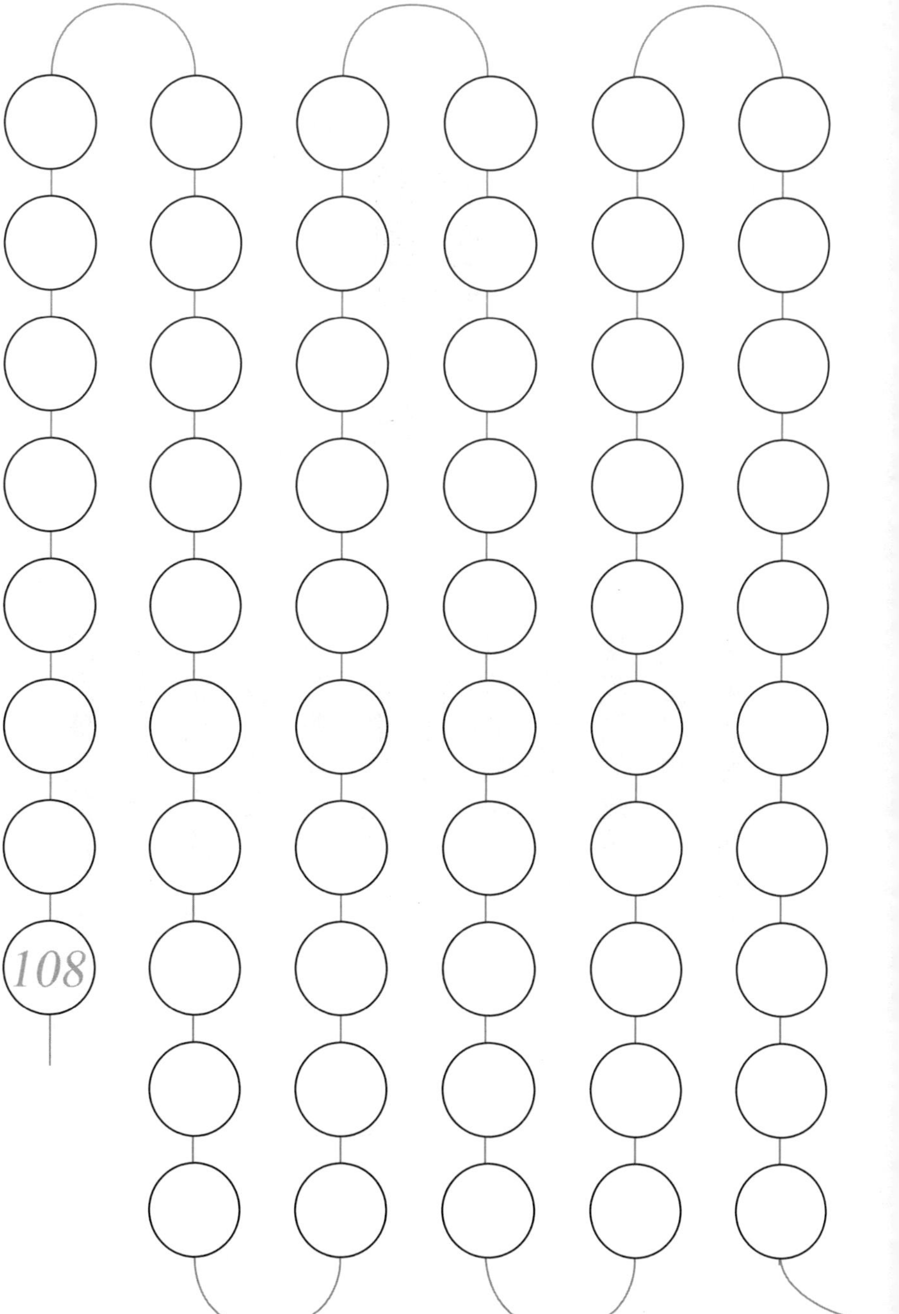
108

05 為國家祈福祈願文

慈悲偉大的佛陀！
弟子在這裡
至誠感謝您的加被！
讓我們的國家
教育普及；
讓我們的人民
所得提高；
讓我們的科技
日新月異；
讓我們的政治
民主自由。
慈悲偉大的佛陀！

我要向您虔誠發露表白：
雖然我們的教育普及了，
但我們的道德卻有淪喪的現象；
雖然我們的所得提高了，
但我們的人心反而更加的腐蝕；
雖然我們的科技進步了，
但我們的各種工業卻污染頻傳；
雖然我們的政治民主了，
但我們的社會卻在動盪與不安！
所以，
慈悲偉大的佛陀！
祈願您的加被，

將社會的凶殘暴戾，
能轉為祥和歡喜；
將社會的無恥淫亂，
能轉為知禮守序；
將社會的瞋恨嫉妒，
能轉為慈悲仁善；
將社會的邪知邪見，
能轉為正知正見！
慈悲偉大的佛陀！
祈求您的庇護，
讓我們的國家風調雨順，
永遠沒有天災人禍；

讓我們的政治廉潔清明，
永遠沒有貪污賄賂；
讓我們的族群包容異己，
永遠沒有種族紛爭；
讓我們的社會安定富強，
永遠沒有戰爭暴亂；
讓我們的生活豐衣足食，
永遠沒有經濟風暴；
讓我們的身心健康無憂，
永遠沒有疾病困擾。
慈悲偉大的佛陀！
請您接受我為國家的祈願！

108

06 為社會大眾祈願文

慈悲偉大的佛陀！
我們是一群虔誠皈依您的弟子：
今天我們各界人等齊聚在您座前，
為的是想向您祈願：
偉大的佛陀！
要我們人人成佛，
我們不敢有此奢求，
不過，我們所要祈求的，
是讓我們能成為好人；
要我們斷盡煩惱，
我們不敢奢望達到，
但是，我們所要祈求的，

是讓我們少煩少惱。
慈悲偉大的佛陀！
希望仰仗您的慈光庇照，
讓我們的勞工能努力工作，
增加生產，
為國家作出最大的貢獻；
讓我們的商家能研究發展，
將本求利，
為人群提供最大的方便；
讓我們的教師能愛護子弟，
作育英才，
使社會擁有無窮的希望；

讓我們的父母能慈愛子女，
誠實守道，
為後輩樹立良好的模範。
在您慈雲覆護之下，
人人謹守三皈，奉行五戒；
人人盡心去惡，努力行善；
人人深信因果，懺悔業障；
人人廣結善緣，福利社會。
慈悲偉大的佛陀！
希望我們各行各業，
在您的慧日庇照之下，
每一個人都能修口修心，
正己正人；

每一個人都能敦親睦鄰，
齊家治國；
每一個人都能懂得緣起真理，
相互依存；
每一個人都能奉行八正道法，
正常生活。
祈求您能加持全世界的人類，
息滅貪瞋愚癡，勤求戒定智慧；
祈求您能促進全法界的眾生，
學習尊重包容，彼此和合無諍。
慈悲偉大的佛陀！
請您接受我們至誠懇切的祈願，
請您接受我們至誠懇切的祈願！

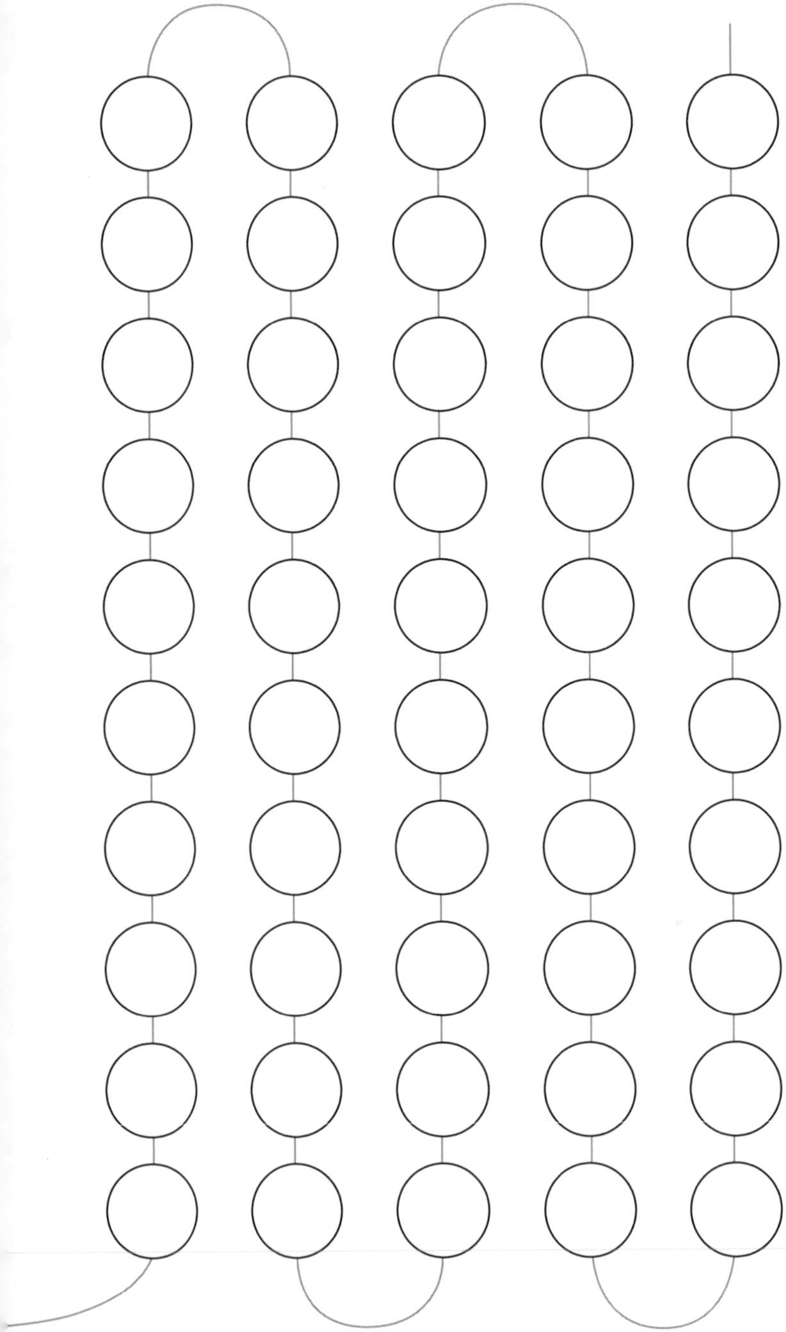

108

07 為自然生態祈願文

慈悲偉大的佛陀！
我們居住的地球被摧殘生病了！
自然，這個大地之母，現在已經：
花不飄香，鳥不歌唱，
遠山不再含笑，流水不再清澈。
您看！
這裡濫砍濫伐，
讓大地的髮絲漸禿漸黃；
那裡廢氣污染，
弄髒了山川嬌嫩的容顏。
我們天然的資源日益銳減，
大家未來的子孫不知如何生存？

我們呼吸的空氣已經混濁，
人體的健康已經受到威脅。
慈悲偉大的佛陀！
人類的眼、耳、鼻、舌、身五根，
人類的貪、瞋、癡、慢、疑五毒，
即將摧毀了美麗的地球，
即將瓦解了自然的生態。
慈悲偉大的佛陀！
讓我們和我們的下一代，
能在星斗高掛的夜晚，
與螢火蟲一起遊戲；
能在碧波海邊的沙灘，

與大自然同歌共舞；
能在參天大樹的密林，
享受清新的空氣；
能在一望無際的原野，
與萬物共同成長。
請您給我們柔軟的手掌，
撫慰世間一切的有情；
請您給我們傾聽的雙耳，
諦聽自然萬象的天籟；
請您給我們明亮的眼睛，
發覺天地無盡的寶藏；
請您給我們慈悲的心意，

保護地球寰宇的生態。
慈悲偉大的佛陀！
我們要努力讓大地重現美麗容顏，
我們要努力讓自然回歸莊嚴淨土。
慈悲偉大的佛陀！
懇請您納受我衷心的祈願，
懇請您納受我衷心的祈願。

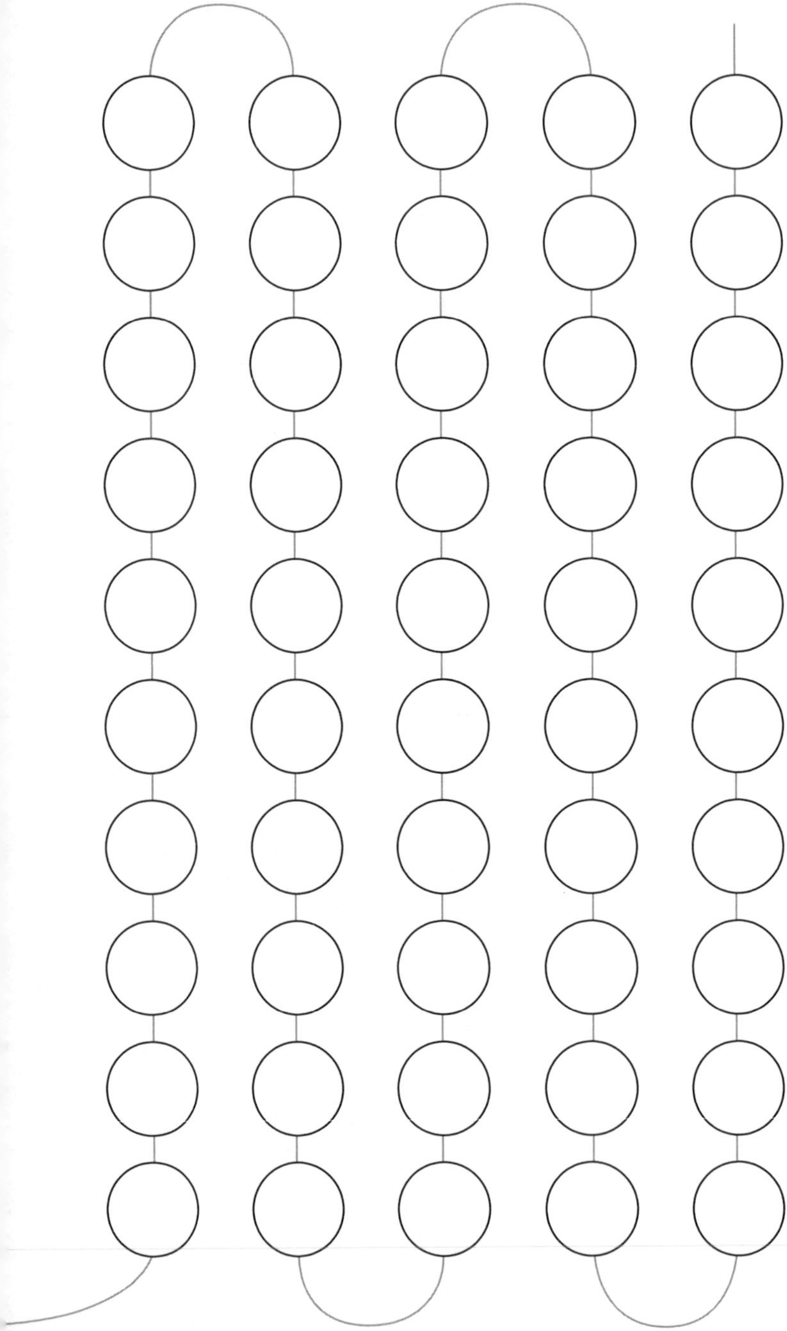

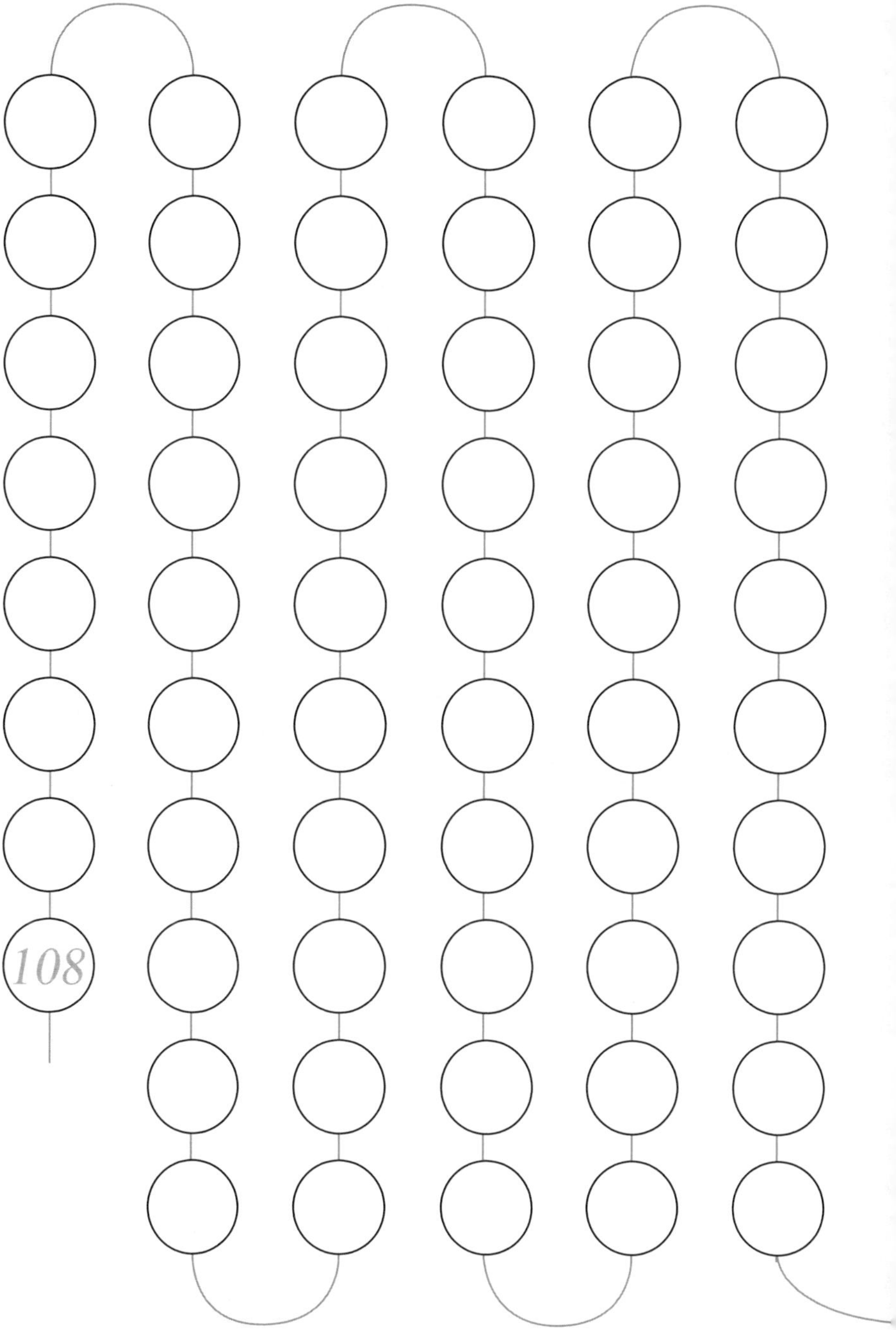
108

08 為父母親友祈願文

慈悲偉大的佛陀！
所謂：
「樹欲靜而風不止，子欲養而親不待。」
我的親人長輩，
有的已經世緣已了，
有的依舊安然健在。
只是，我慚愧懺悔：
我對我的親人缺乏孝養，
我對我的長輩很少回饋。
慈悲偉大的佛陀！
回想自從我哇哇出生之後，
父母生我育我，

親人教我養我，
我只有受之於他們，
卻很少給予報答。
我哭泣的時候，
他們給我歡喜；
我失望的時候，
他們給我鼓勵；
在衣食住行上，
他們給我呵護；
當苦難挫折時，
他們給我安慰。
烏鴉還知反哺，

羔羊尚且跪乳，
我對於父母的孝養，
難道都不如這些禽獸懂事？
佛陀！
您也曾經親自為父擔棺，
您也曾經跋涉為母說法；
我忝為您的弟子，
卻愧對您的教誨。
請您賜給我信心力量，
我願光耀過往的先人，
我願引導在世的親族；
請您庇照我的父母親人，
讓他們能夠福壽康寧，

讓他們能夠平安自在。
假如我擁有榮耀，
希望能和他們分享；
假如我擁有富足，
希望他們也不匱乏。
祈求您，
讓我擁有的一些歲月，
能為我的親人奉獻；
讓我心中的一點微忱，
能獲得尊長的認可。
慈悲偉大的佛陀！
請您滿足弟子的一片愚誠，
請您滿足弟子的一片愚誠。

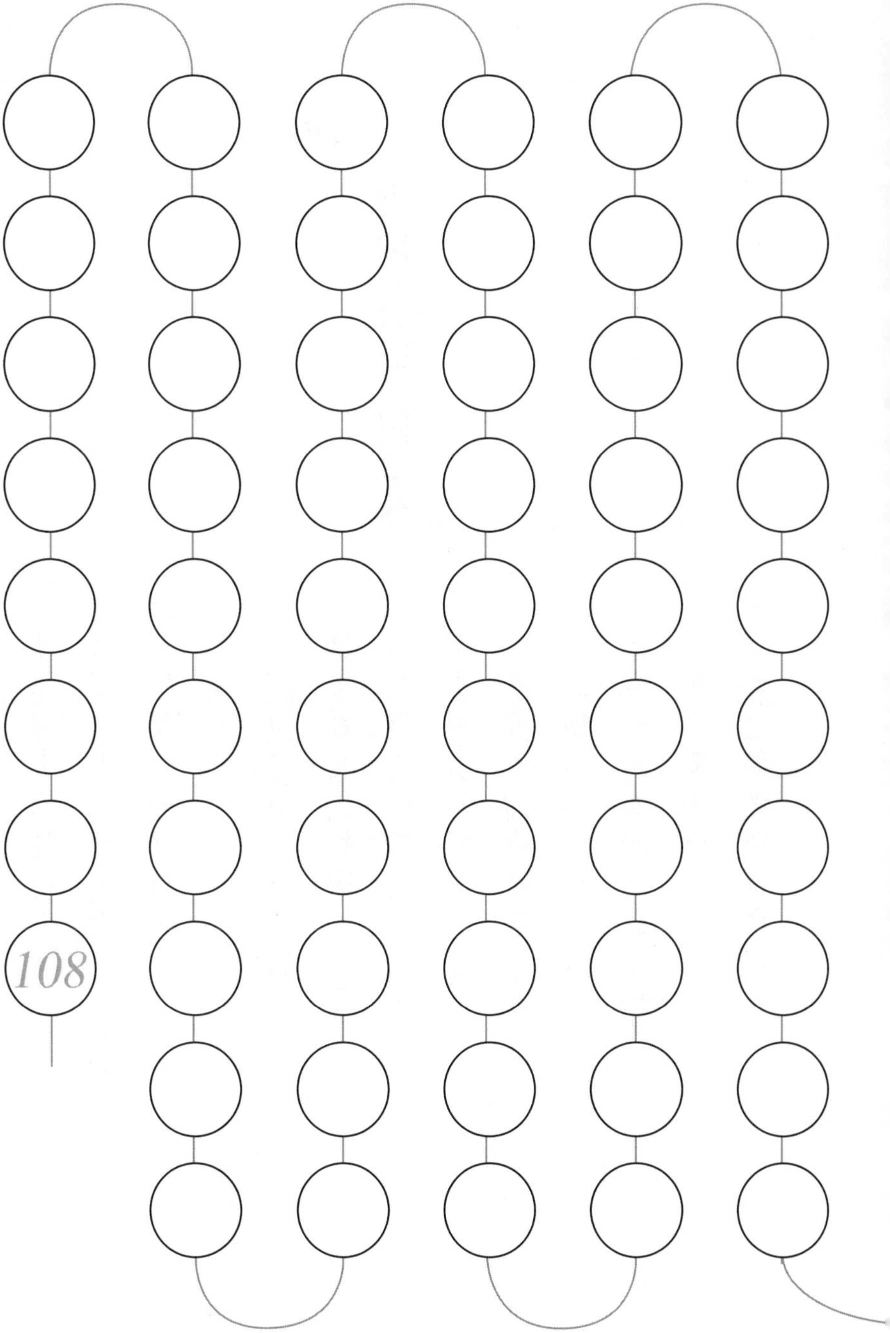
108

09
為警察祈願文

慈悲偉大的佛陀！
我要為人民的保姆——警察，
至誠懇切向您祈願。
因為，
他們沒有魁梧的身軀，
卻需要具備堅毅的勇氣；
他們沒有強勢的地位，
卻需要負起安民的責任；
慈悲偉大的佛陀！
流浪街頭的少年，
是警察將他們交給父母；
為非作歹的壞人，
是警察將他們繩之以法；

無辜受害的百姓，
是警察扮演保護的角色；
鄉里居民的糾紛，
是警察擔當協調的責任。
慈悲偉大的佛陀！
願他們能擁有您的般若智慧，
破解棘手難辨的案件；
願他們能擁有您的大雄大力，
降伏頑強無知的罪犯；
願他們能擁有您的同體慈悲，
導引誤入歧途的眾生；
願他們能擁有您的堅忍毅力，
保有勇於前進的膽識。

慈悲偉大的佛陀！
他們在平常服勤的時候，
不分晝夜，不分寒暑，
堅守崗位，巡視街頭；
他們在晨昏深夜的時候，
不計身命，不計勞苦；
赴湯蹈火，執行任務。
慈悲偉大的佛陀！
警察也是血肉凡軀，
他們需要適當的休息，
他們需要正當的娛樂
他們需要家庭的支持，
他們需要安全的保障。

我們祈求您的大力加被，
讓他們能夠智勇雙全，
為民服務；
讓他們能夠心力堅忍，
保家衛國。
更祈求您庇佑我們的社會，
讓人人都能伸張正義，
打擊罪犯，家家平安；
讓人人都能自律守法，
生活幸福，國家康莊；
慈悲偉大的佛陀！
請求您接受我至誠的祈願，
請求您接受我至誠的祈願。

108

10 為醫護人員祈願文

慈悲偉大的佛陀！
說來是多麼的恐懼！
這個世間上的人多數都患有病苦，
有的身體上患了老病死的疾病，
有的心理上患了貪瞋癡的毛病。
唯有佛陀您是
世界上最偉大的醫王，
您不但能助人病體康復，
而且能助人心病痊癒。
甚至，您還鼓勵我們探視病苦，
告訴我們：
「八福田中，探病為第一福田。」

慈悲偉大的佛陀！
許多醫護人員追隨您的腳步，
為人間寫下了溫馨的歷史。
仁心仁術的醫生如同佛陀一樣，
克盡職責的護士如同觀音菩薩，
他們忙碌的身影穿梭在病床之間，
只希望為患者帶來安心；
他們不分晝夜辛苦地守護著病人，
只為了讓患者早日康寧。
他們耳裡聽到的是病人的呻吟，
他們手裡必須忙著病人的診斷；
他們眼裡看到的是患者的苦臉，

他們口裡還要說著安慰的愛語。
醫護人員的作息無法定時，
甚至冒著感染的危險，
甚至犧牲家人的聚會。
他們一天巡視病房下來，
往往兩腳痠麻；
他們一天執行手術下來，
常常疲憊不堪。
祈求佛陀加被醫護人員，
讓他們能擁有強健的身體，
讓他們能擁有精湛的醫術，
讓他們的家人能體諒
他們的辛苦，

讓他們的親友能支持
他們的理想。
慈悲偉大的佛陀！
痛苦的病人將生命、健康
交到醫護人員手裡，
偉大的醫護人員將時間、青春
奉獻給了病人。
願醫護人員以及他們的家人，
都能福壽綿延，
都能平安吉祥。
慈悲偉大的佛陀！
請求您接受我至誠的祈願，
請求您接受我至誠的祈願。

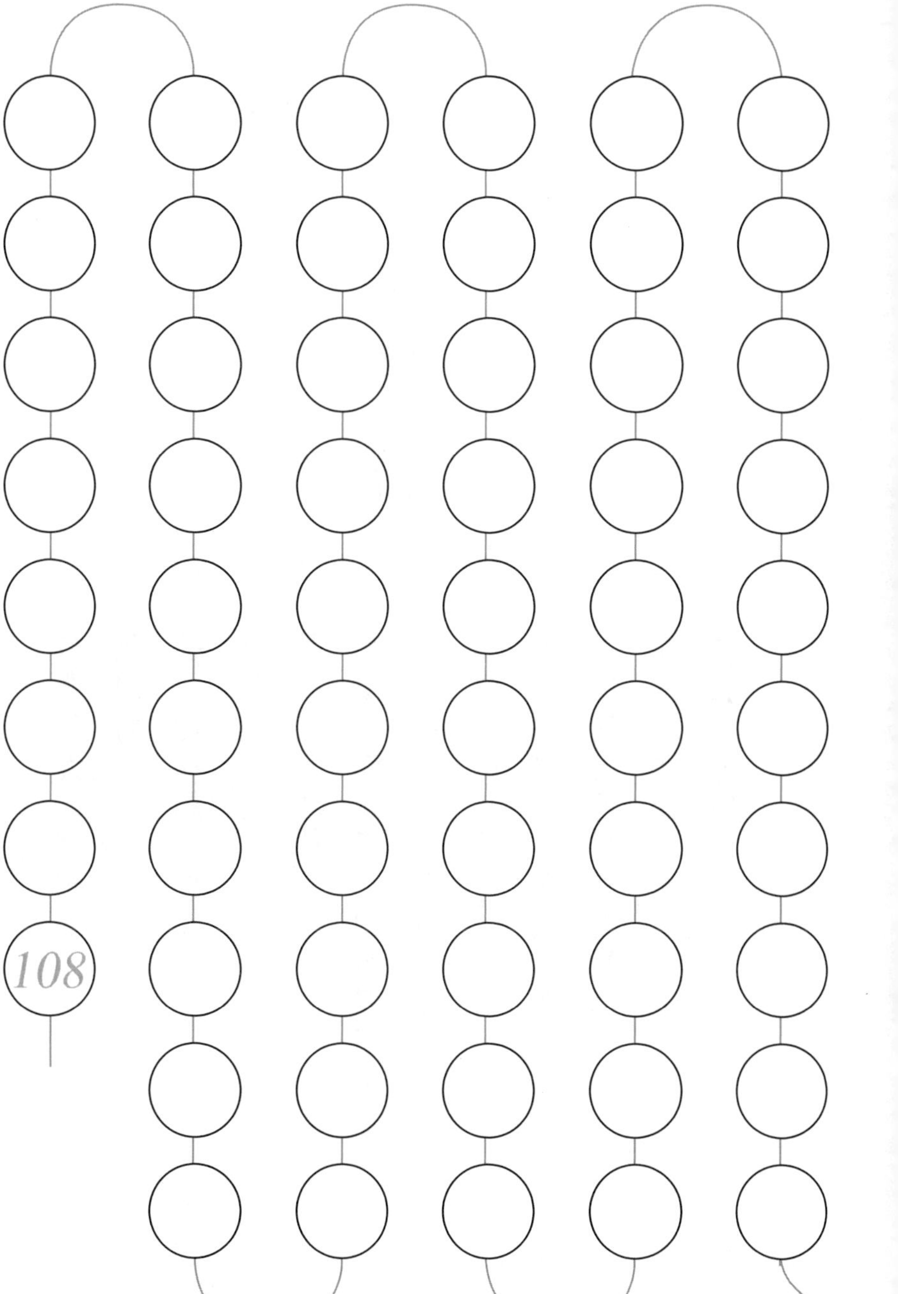
108

11 消災免難祈願文

慈悲偉大的佛陀！
我們的世界，
是一個罪惡的世界，
我們的人生，
是一個苦難的人生。
到處充滿迫害，到處遍布災危。
水火風的三災無日無之，
燒殺搶的八難天天都有，
地獄惡鬼畜生遍滿人間，
貪瞋癡恨可說到處橫行。
此地才聽說綁票，
彼處又再傳槍戰；

社會已經到了
親不像親、友不像友的地步了！
還有：多少的冤獄難申！
還有：多少的委屈難平！
合夥經商會被人拐騙，
投資圖利會被人榨取。
我們感受到人間，到處是：
能欺則欺，能騙則騙。
在萬般無奈之下，
只有祈求佛陀您：
讓我們用您的安忍，
去撫平世間的坎坷；

讓我們用您的慈悲，
來導正暴力的行為；
讓我們用您的戒法，
來健全自我的身心；
讓我們用您的禪定，
作自己安住的力量。
我祈願佛陀，從今而後：
我如果遇到惡人，惡人能生善念；
我如果遇到刀兵，刀兵能有慈心；
在乾旱的日子裡，蒼天能降甘露；
在風雨的災難時，天候能早正常。
讓我們所看到的都是美好的世界，

讓我們所聽到的都是美好的音聲，
讓我們所說的都是美好的語言，
讓我們所做的都是美好的事情。
慈悲偉大的佛陀！
我一心一意地向您祈願：
今後的世界，
都能三災消除八難不生；
所有的眾生，
都能五蓋消除萬苦不生。
偉大的佛陀！
請求您接受我至誠的祈願，
請求您接受我至誠的祈願。

跟著星雲大師念誦祈願文

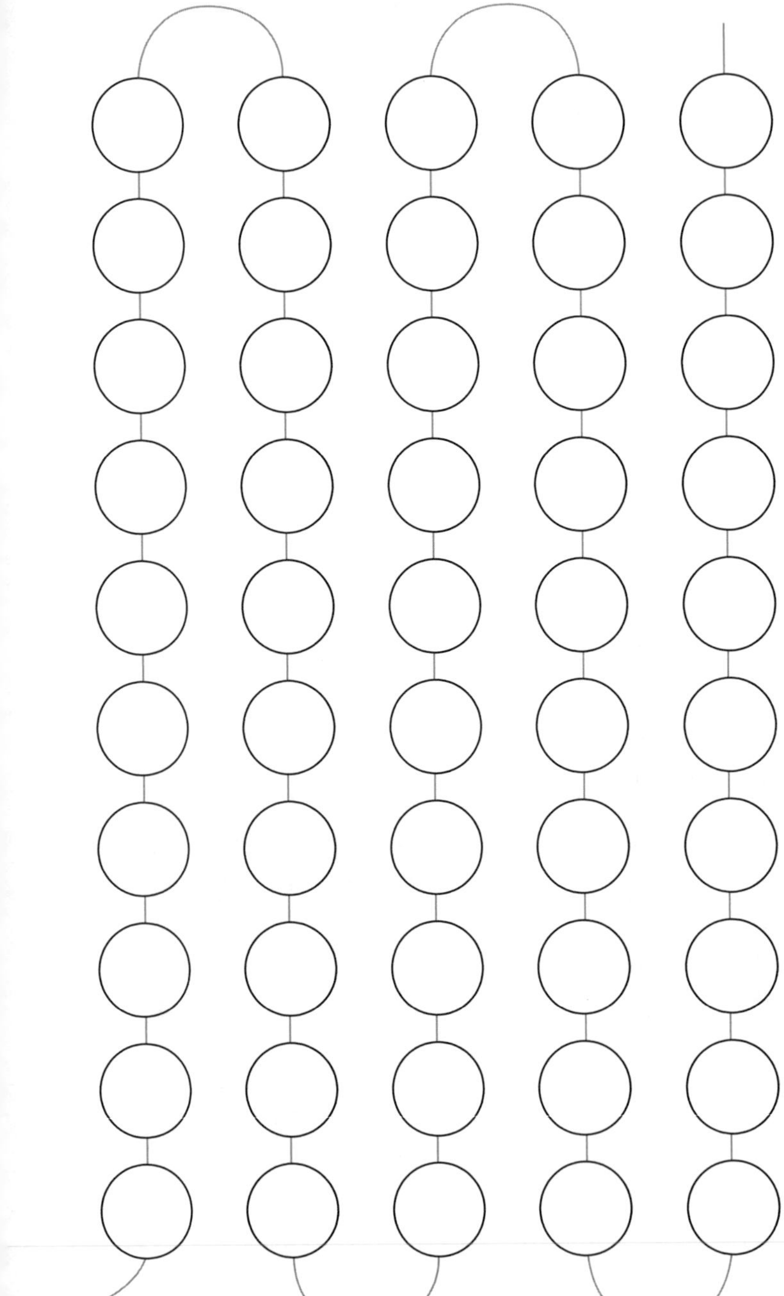

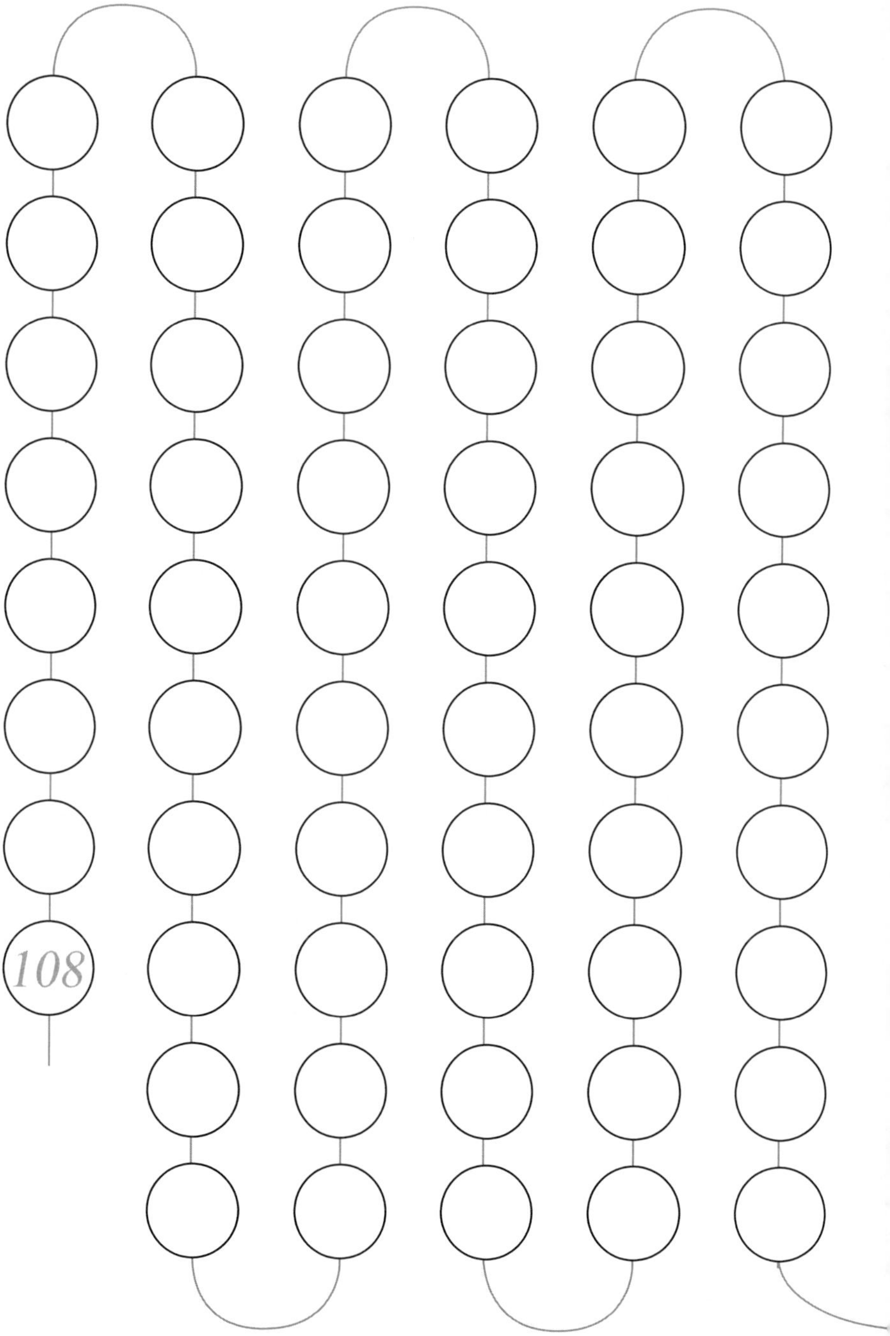
108

12 探病祈願文

慈悲偉大的佛陀！
救苦救難的觀世音菩薩！
在此向您們報告，
您的弟子〇〇現在生病了，
他非常渴望您的加持庇佑。
我們知道：
世間的得失皆有前因，
人生的苦樂都有所緣。
我們今天來探望他，
希望他能獲得祝福，
希望他能離苦得樂。
雖然他躺臥在病床上，

我們願以一顆虔誠懇切的心，
代他向佛陀您頂禮膜拜，
代他向佛陀您發露懺悔。
祈願您，偉大的佛陀！
大慈大悲觀世音菩薩！
願您以慈悲威力庇佑他，
消除他無始以來的業障，
減輕他四大不調的痛苦，
讓他的色身解脫病魔的桎梏，
讓他的心靈保持樂觀的態度。
願以般若神勇加持他，
培養他面對未來的信心，

增加他奮發向上的力量，
讓他知道法身沒有絲毫病惱，
讓他懂得真心沒有片雲污染。
慈悲偉大的佛陀！
弟子〇〇從佛陀您的教誨中，
已經了知：
凡事皆有因緣，
凡事皆有前定。
身體雖病，
但是不怨天尤人，
不懊惱自嘆；
心中雖苦，

仍然心甘情願，
與病為友。
偉大的佛陀！
願您慈悲加被，
讓弟子〇〇居士，
身體從此早日康復，
心境從此安詳自在，
生活從此少煩少惱，
家庭從此和諧順遂。
慈悲偉大的佛陀，
我們願以一炷清香向您祈求，
我們願以一曲梵音向您讚美，

我們願以芬芳花果向您供養，
我們願以至誠心意向您祝禱。
慈悲偉大的佛陀！
救苦救難的觀世音菩薩！
祈求您們慈悲接受我們的祈願，
祈求您們慈悲接受我們的祈願。

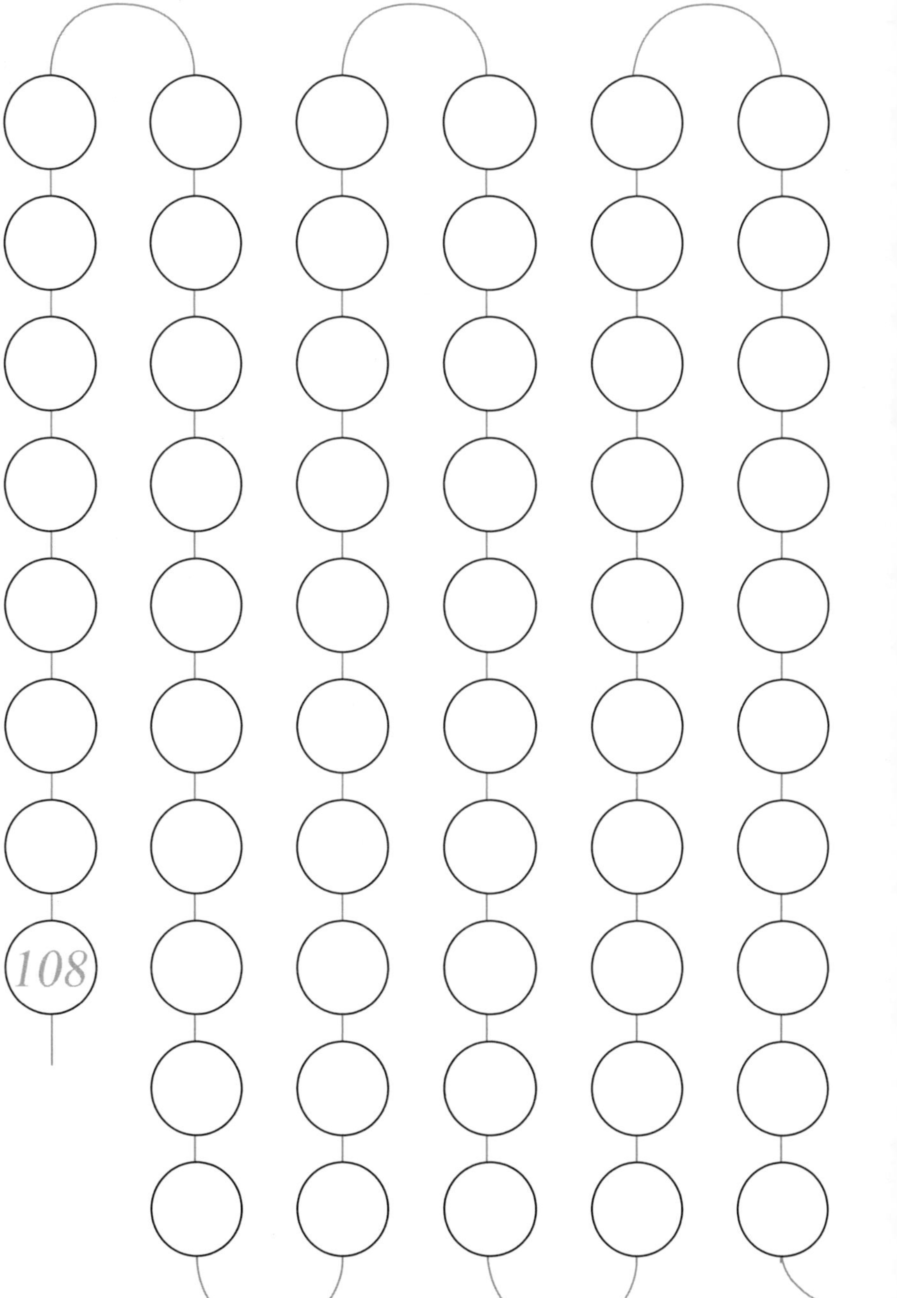
108

13 家庭普照祈願文

慈悲偉大的佛陀！
今日我們大家聚集在
○○先生和○○女士夫婦
的府上，
我們大家讚美佛陀您的偉大，
我們暢談佛法的浩瀚無邊，
我們現在共同分享佛法的喜悅。
願佛陀您的覆護，
○○先生和○○女士全家老小，
讓他們身體健康，
讓他們事業順利，
讓他們全家平安，

讓他們如意吉祥。
願佛陀您的加被，
加持○○先生和○○女士
全家眷屬，
讓他們相互和敬，
讓他們關愛體貼，
讓他們感恩互助，
讓他們培福結緣。
今日我們仰望您的聖像金容，
願佛陀您的威德感召，
讓○○先生和○○女士的家人，
擁有慈悲喜捨，

共同建立佛化家庭；
擁有尊重包容，
共同修學禪淨福慧。
也請求佛陀您慈悲加被我們大家，
讓我們大家與
○○先生和○○女士夫婦一樣，
獲得佛陀您慈悲垂憐。
我們要在佛道上，
精進不懈，永不退轉；
我們要在法海中，
啟發正信，永不退心。
祈求佛陀您的庇佑，
讓這家人，

求財富平安都能如願；
求眷屬和諧都能圓滿；
求生活安樂都能獲得；
求事業前途都能順遂。
慈悲偉大的佛陀！
請您賜給他們信心與歡喜，
請您增加他們堅忍與毅力，
讓他們在您的佛光普照之下，
都能夠獲得您的甘露法水。
慈悲偉大的佛陀！
請求您接受我的祈願，
請求您接受我的祈願。

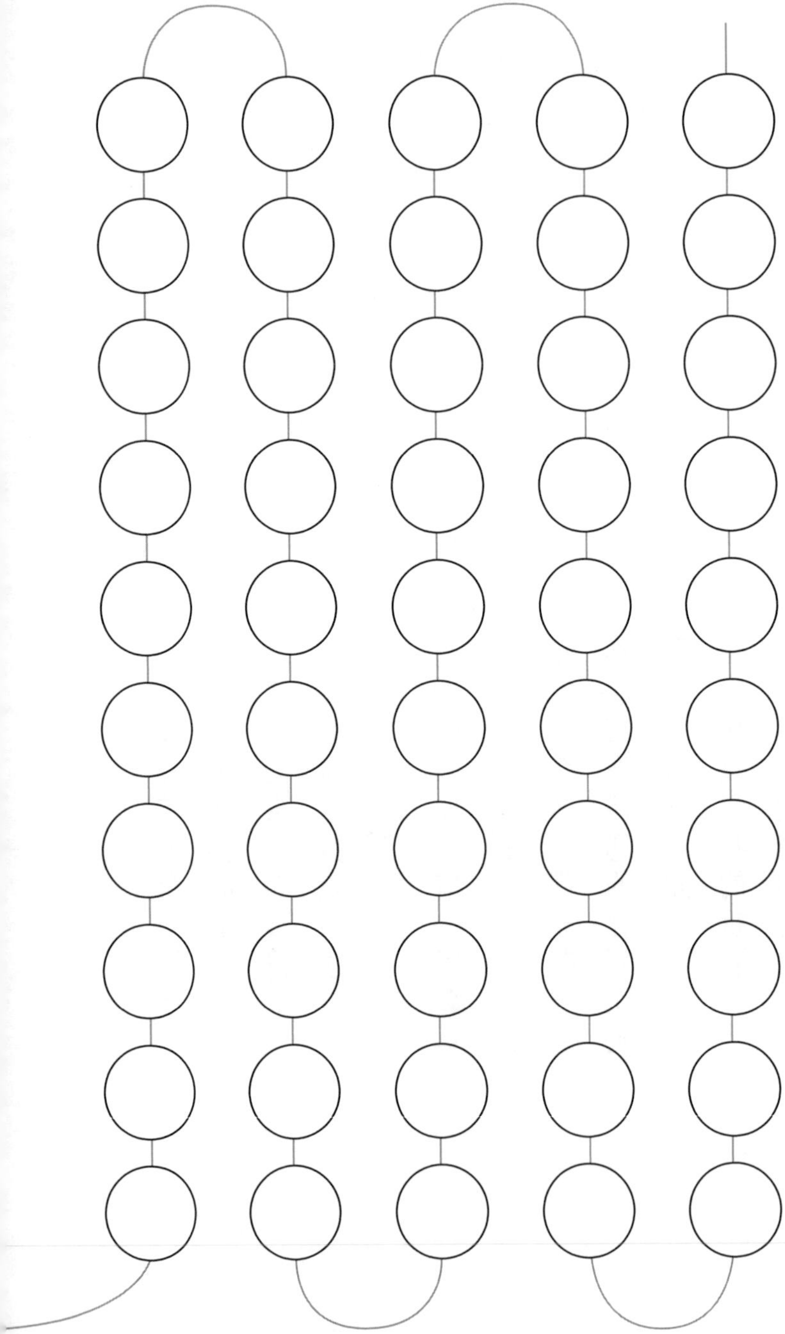

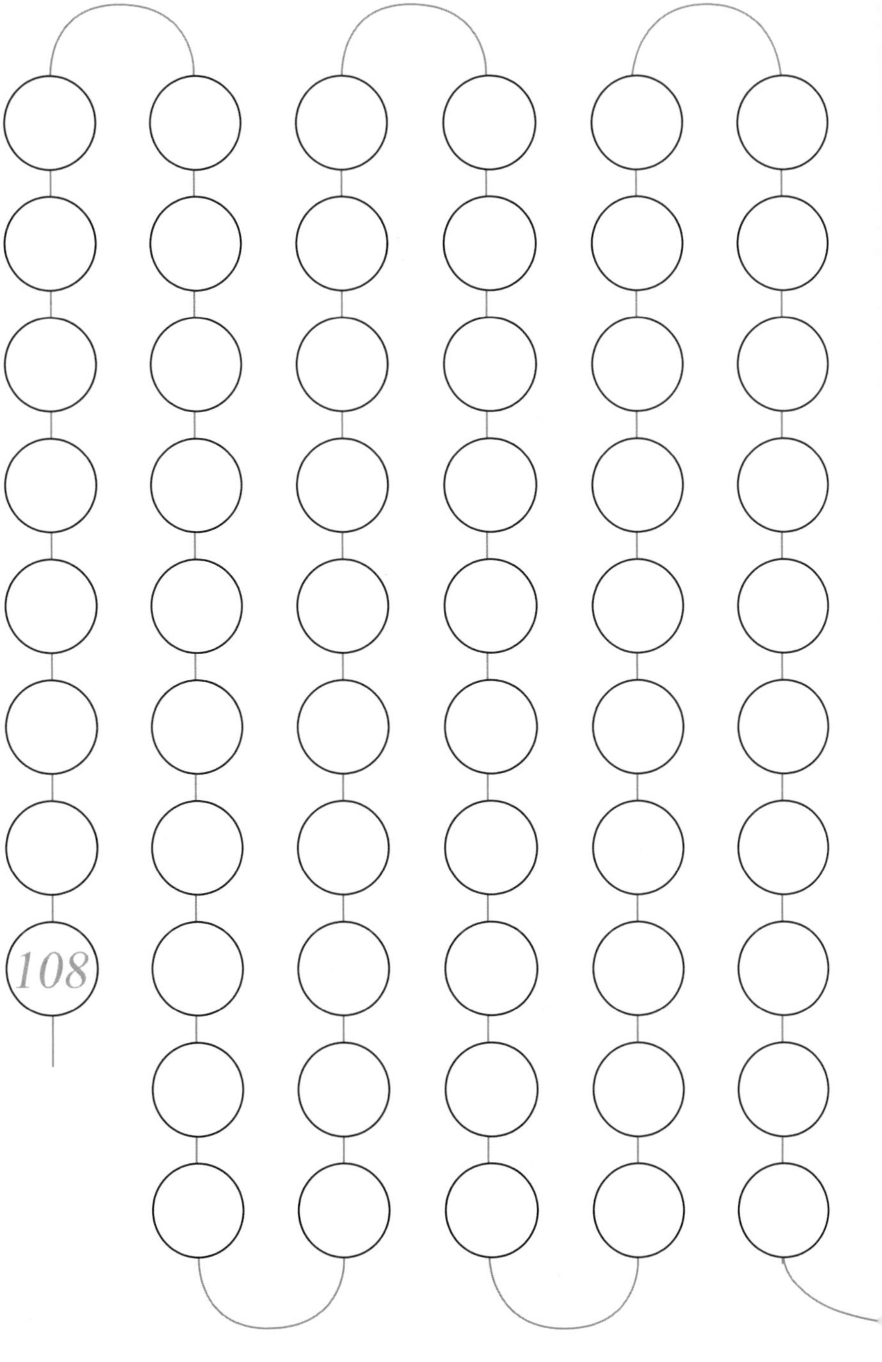
108

14 廣結善緣祈願文

慈悲偉大的佛陀！
當您在金剛座上證悟，
發出「萬法緣起」宣言的那一刻，
世間就有了光明，
人類就有了希望。
因為只要我們認識因緣的重要，
就懂得去廣結善緣。
慈悲偉大的佛陀！
弟子自從皈依在您的座下，
就毫不猶豫地接受您的真理，
尤其對「廣結善緣」的美好，
更是依教奉行。
我們——

有的在醫院裡作義工，協助病患；
有的在街道擔任義警，指揮交通；
有的為老弱寫信閱報，跑腿服務；
有的為寺院灑掃典座，親切接引；

我們——

有時用微笑和人「廣結善緣」，
有時用讚美和人「廣結善緣」，
有時用隨喜和人「廣結善緣」，
有時用幫助和人「廣結善緣」。

慈悲偉大的佛陀！
我們看到寺院庵堂——
奉行您「廣結善緣」的教誨，
有的興建房舍，供人掛單；

有的辦理學校，給人讀書；
我們也看到許多僧侶——
四處奔走，「廣結善緣」；
有的出廣長舌，現身說法；
有的奔波忙碌，救災救難；
此外，還有許多在家信眾——
有的藉由道場共修，回向祝福；
有的興辦慈善事業，卹寡濟貧；
有的創設工廠企業，增加就業；
有的印行經典善書，布施智慧；
他們為了「廣結善緣」，
有人布施棉被，
為貧苦人家帶來溫馨；

有人喜捨米麵，
為自強住戶帶來飽暖；
一句良言，如三冬暖爐；
一絲燈光，如太陽高照；
一口粥飯，讓饑餓的人賴以生存；
一把雨傘，讓風雨路人得到喜悅。
慈悲偉大的佛陀！
祈求您加被所有的施者與受者，
讓大家都能感受法界的融和，
讓大家都能體會人我的真心。
慈悲偉大的佛陀！
請求您接受我至誠的祈願，
請求您接受我至誠的祈願。

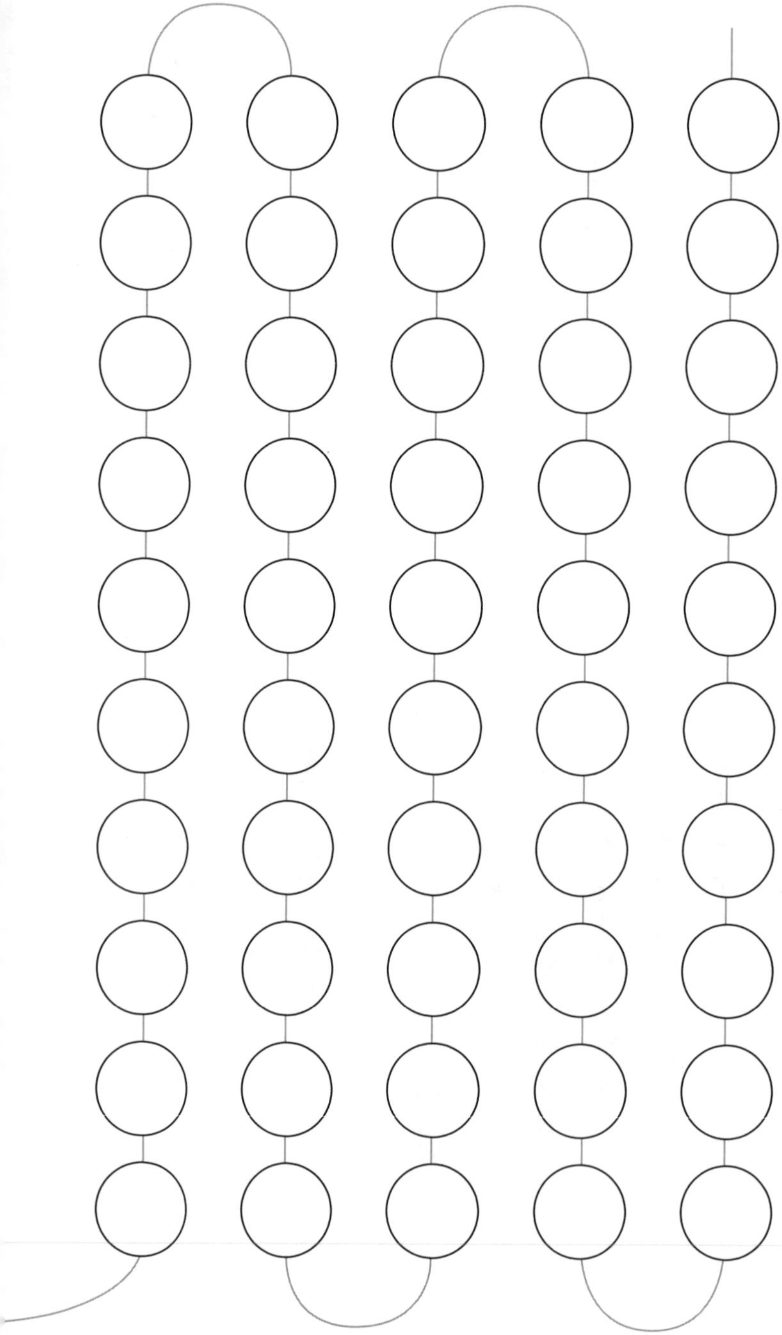

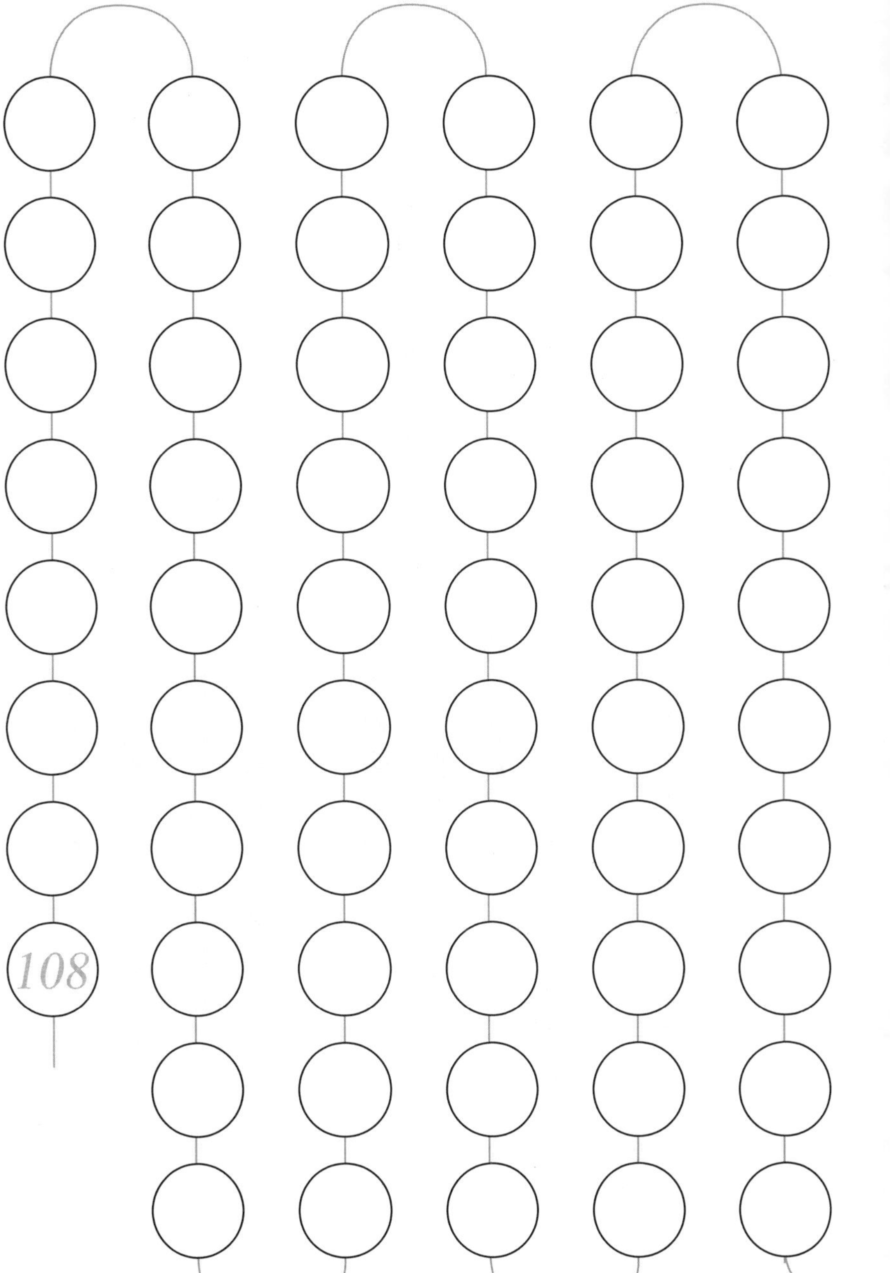
108

15 晨起祈願文

慈悲偉大的佛陀！
今天又是一個新的開始了！
所謂「一日之計在於晨」。
在如此美好的早晨，
回憶往事——
我雖曾受委屈，
但知道世間一切緣起緣滅；
我雖曾流過淚，
但深信人生明天會更美好。
今天，
在您佛陀的慈光加被之下，
祈求您賜給我勇氣，

面對今天所有的挑戰；
祈求您賜給我忍耐，
接受今天所有的挫折；
祈求您賜給我力量，
承擔今天所有的工作；
祈求您賜給我智慧，
感謝今天所有的因緣。
慈悲偉大的佛陀！
請幫助我啟發智慧，
請幫助我打開心眼，
請幫助我成為一個
心靈的富翁，

每天歡喜付出，
每天樂於結緣，
每天慈悲喜捨，
每天寬厚待人。
慈悲偉大的佛陀！
請幫助我成為一個
生命的勇士，
能夠思惟清淨，
能夠經常奉獻，
能夠諸惡莫作，
能夠眾善奉行。
慈悲偉大的佛陀！

我感受我有您活在我的心中，
我明白我為歡喜而來人間的，
我懂得我為奉獻而入社會的，
我知道我為圓滿而修佛道的。
我發願從現在起——
每天要利樂有情，
自覺覺他；
度己度人。
慈悲偉大的佛陀！
請接受我今天晨起後，
真心對您的祈願！

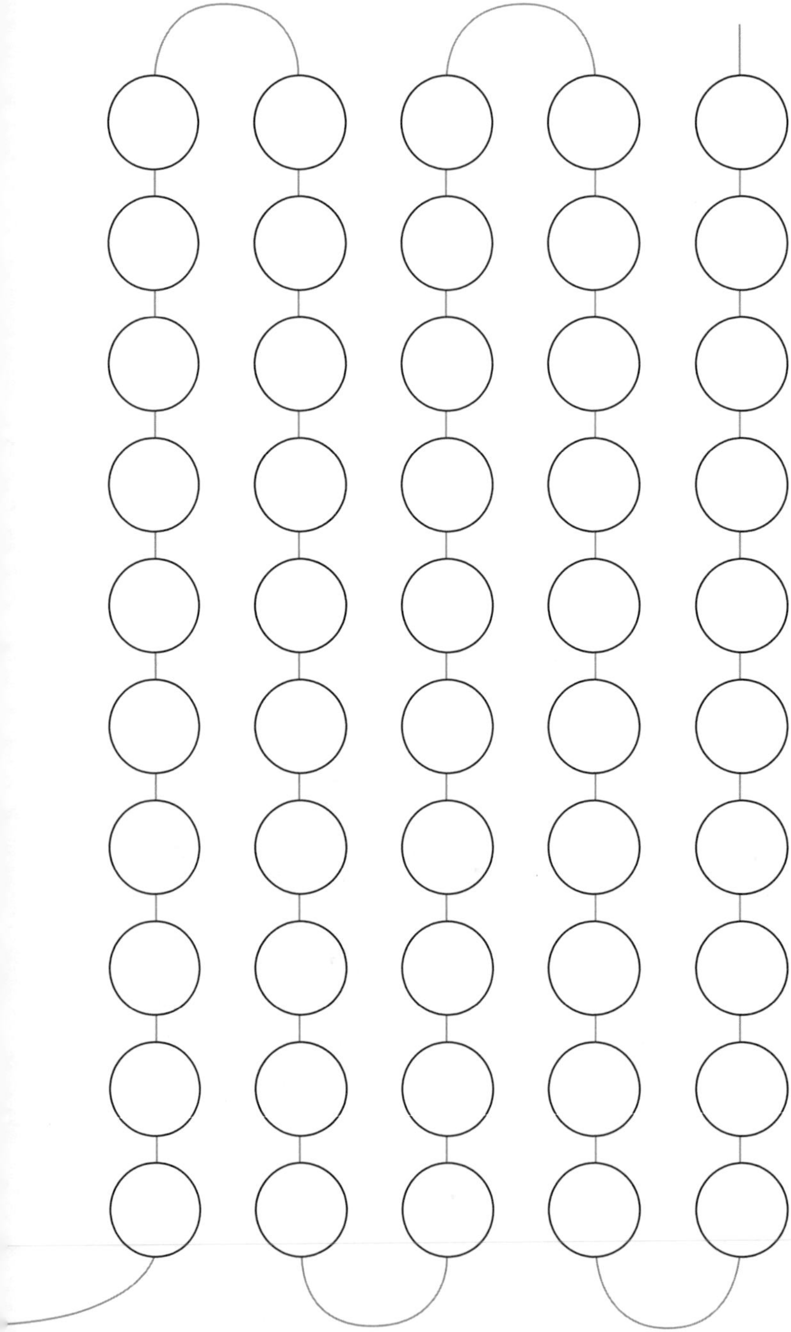

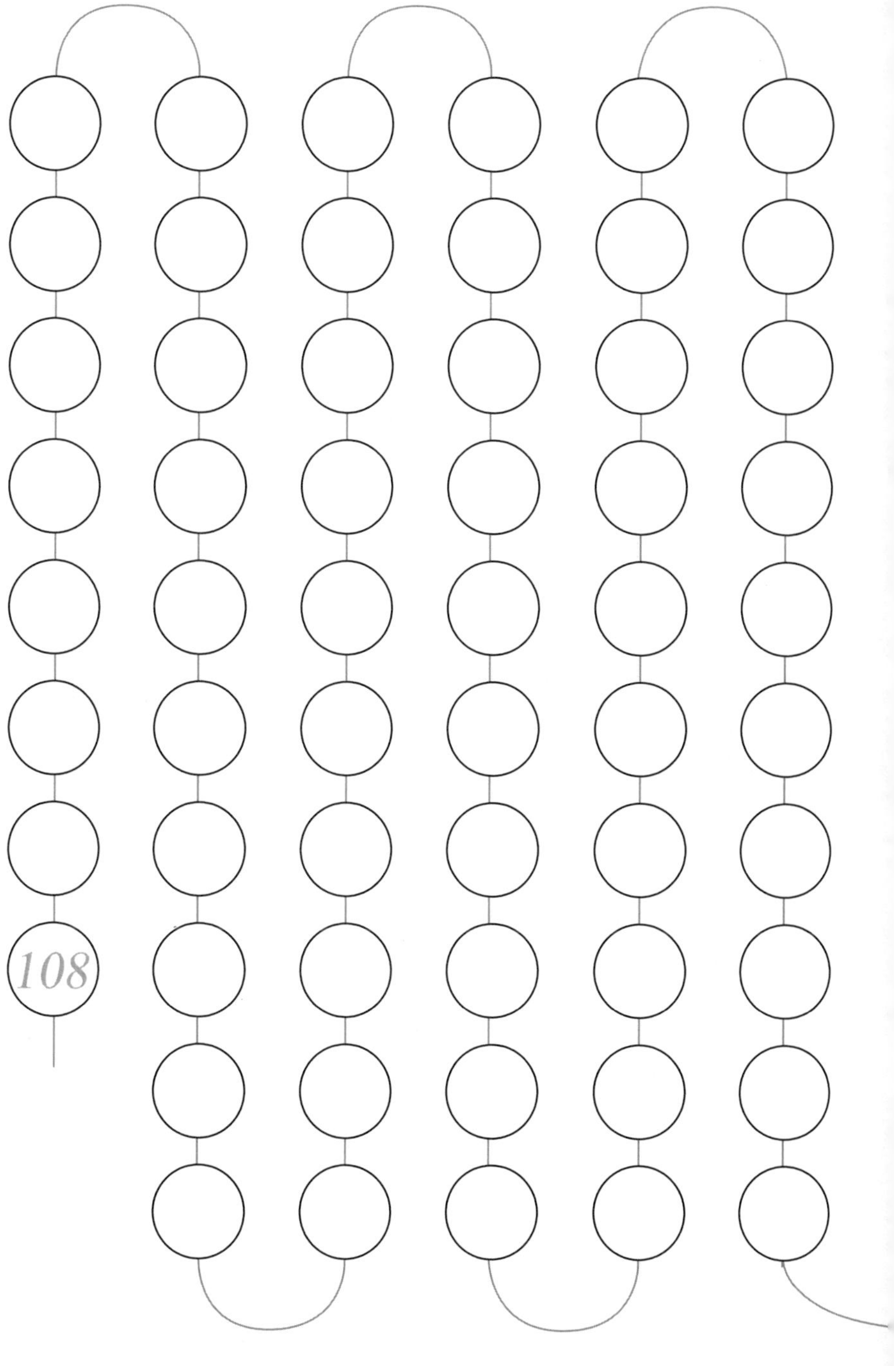
108

16 睡前祈願文

慈悲偉大的佛陀！
是日已過，
今天已經過去了，
我無法停止時間軌道的轉動，
但祈求您，佛陀！
讓我覺悟無常的真諦；
我無法追逐日昇月落的腳步，
但祈求您，佛陀！
我認清生命的價值。
在這過去的一天裡，
我有不斷的妄想無明，
我有不斷的煩惱蠢動，

但仰仗您的慈悲威德，
藉由您的智慧教導，
我都安然地度過去了。
願我從今而後，
如橋樑道路，
綿延人間的好因好緣；
如甘泉雨露，
滅卻有情的熱惱疲憊；
如叢林老樹，
庇護眾生的清涼自在；
如日月星辰，
照亮一切迷途的眾生。
祈求您，

偉大的佛陀！
讓我擁有平等的心懷，
寬恕侵犯我的仇敵；
讓我擁有感恩的心懷，
報答幫助我的朋友；
讓我擁有般若的心懷，
內觀自省我的缺漏；
讓我擁有精進的心懷，
奉行您慈悲的教誨。
慈悲偉大的佛陀！
感謝您的教導，
讓我拋棄仇恨的刀劍，
享受清涼的法喜禪悅；

讓我卸下執著的枷鎖，
給我身心的自在解脫。
慈悲偉大的佛陀！
是日已過，
命亦隨減，
祈求您的庇佑，
從今以後，讓我能夠：
無諸恐怖，無諸顛倒，
無諸憂惱，無諸惡夢。
慈悲偉大的佛陀！
請接受今夜弟子的祈願，
慈悲偉大的佛陀！
請接受今夜弟子的祈願。

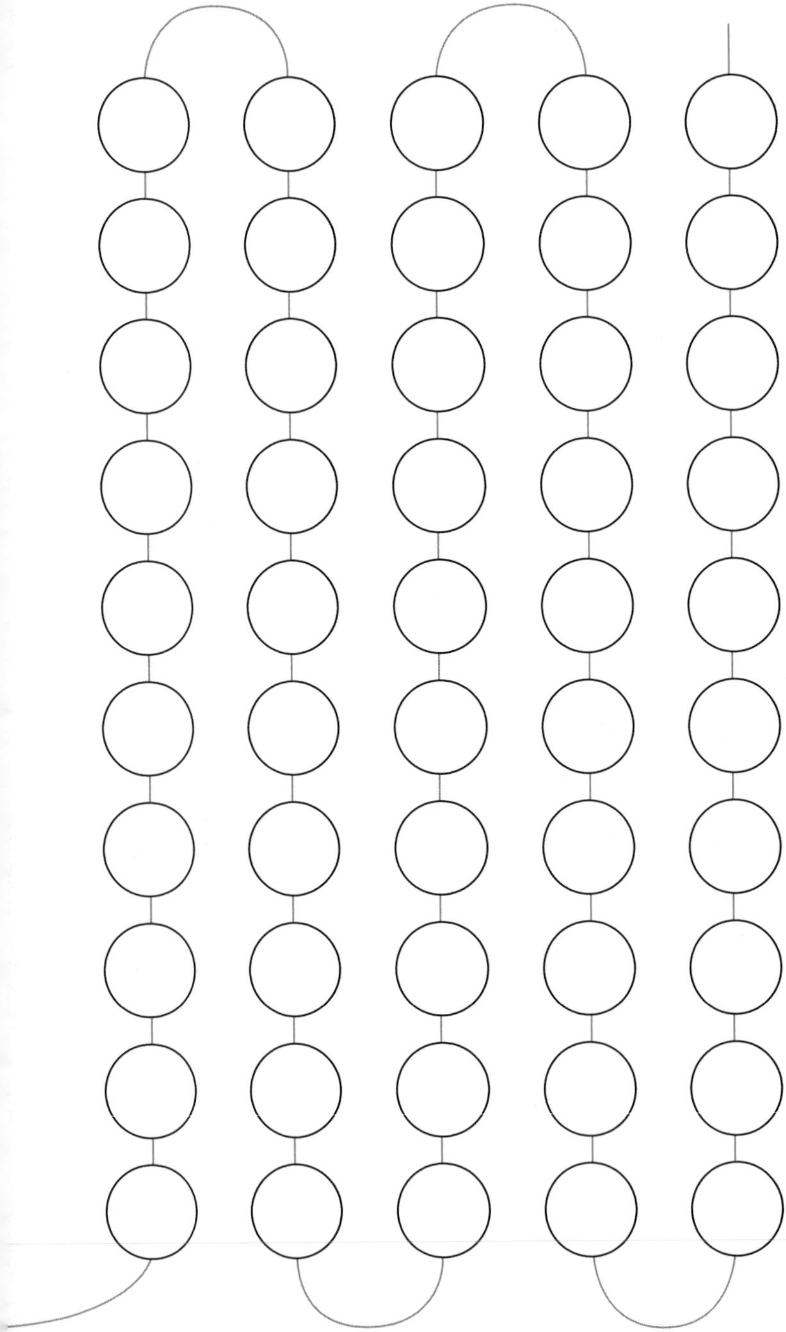

108

17 求財富祈願文

慈悲偉大的佛陀！
祈求您加持我獲得人間的財富。
因為在經濟重於一切的社會，
如果我沒有金錢財富，
將生活得十分艱苦；
甚至想發心做一點善事，
也需要一些錢財。
因為在物質不可缺少的人間，
如果沒有柴米油鹽，
日子將不會好過；
甚至想發心學佛修道，
也要有一些資糧。

慈悲偉大的佛陀！
我要向您祈求七種財富——
第一種：祈求您給我健康的身體，
第二種：祈求您給我慈悲的心腸，
第三種：祈求您給我智慧的頭腦，
第四種：祈求您給我勤儉的美德，
第五種：祈求您給我寬廣的胸懷，
第六種：祈求您給我內心的智慧，
第七種：祈求您給我世間的因緣。
慈悲偉大的佛陀！
我希望擁有財富，
不是想買高官厚祿，
而是想去廣結善緣。

我希望擁有財富，
不是用來滋養色身，
而是長養家人慧命。
慈悲偉大的佛陀！
我希望以熱忱，獲得善緣的財富；
我希望以勤勞，獲得信譽的財富；
我希望以喜捨，獲得友誼的財富；
我希望以正見，獲得真理的財富。
慈悲偉大的佛陀！
我將以財富孝順父母，
使師長老有所養；
我將以財富供養三寶，
使佛教發展成長；

我將以財富養育妻兒，
教他們德業增長；
我將以財富從事正業，
造福國家社會；
我將以財富投入公益，
裨益世界人類。
祈求您加持我，
讓我懂得以智慧運用錢財，
做一個為世間創造財富的人，
做一個與眾生共有財富的人。
慈悲偉大的佛陀！
請求您接受我至誠的祈願，
請求您接受我至誠的祈願。

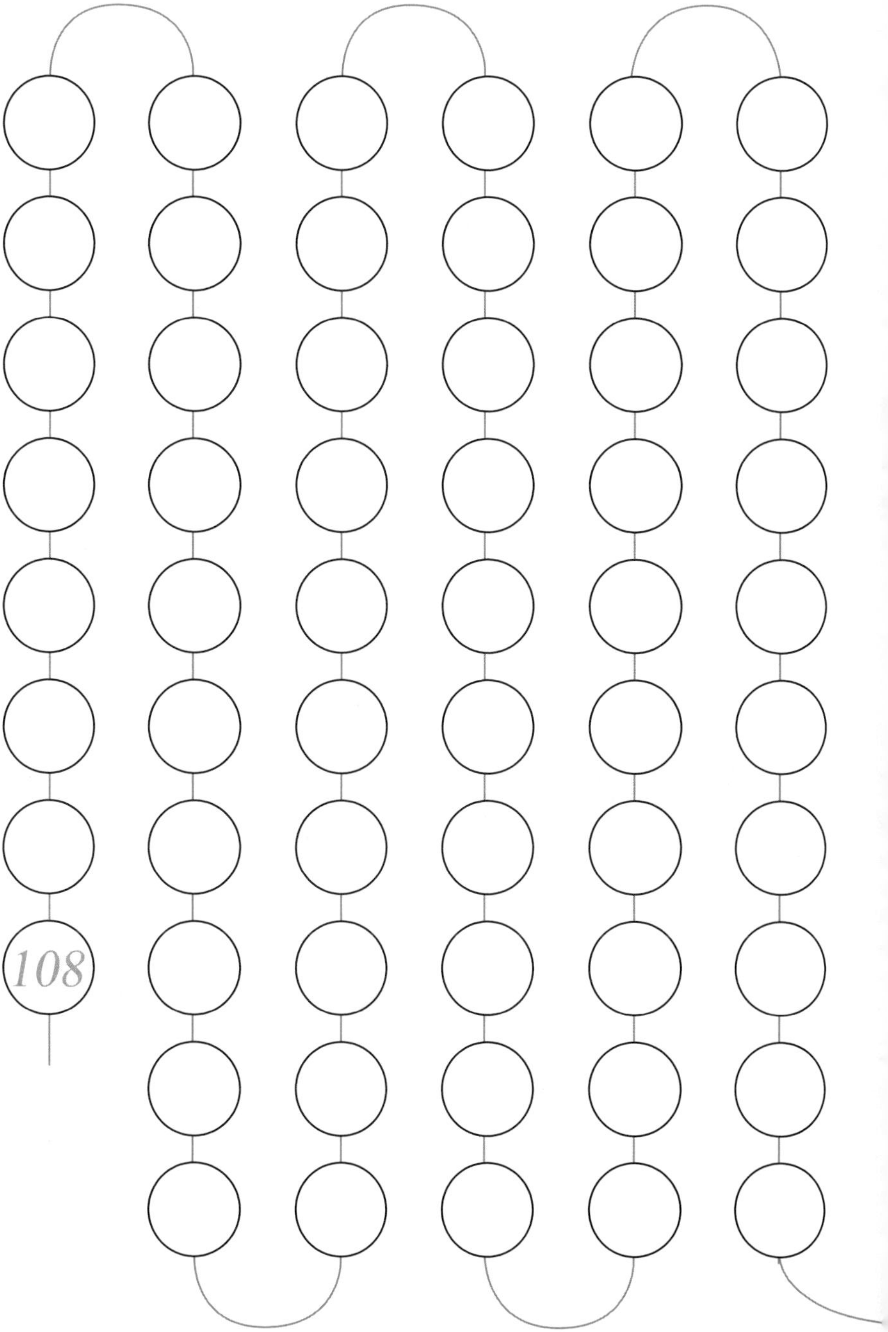
108

18 為自我信心祈願文

慈悲偉大的佛陀！
請您垂聽一個膽怯的聲音，
在您的座下恭敬地向您祈願：
我是一個沒有主見的人，
面對社會，我總是心懷畏懼；
面對親友，我沒有順從承受。
我力求奮發，但缺乏豁達的胸襟，
我力求上進，但缺乏果斷的意志。
所以，面對自己過去的一切，
我深感自卑渺小；
所以，面對自己現在的處境，
我深覺徬徨無依。

慈悲偉大的佛陀！

我是一個愚昧退縮的人，

因為我缺乏學習的智慧與態度，

因為我缺乏做人的積極與圓融，

所以，

一旦遇到挫折，我就心灰意冷；

一旦遇到困難，我就遲疑不前；

一旦遇到打擊，我就消沉退縮；

一旦遇到是非，我就怨聲嘆氣。

佛陀，祈求您！

讓我遇到挫折時，能勇往直前；

讓我遇到困難時，能鼓起勇氣！

慈悲偉大的佛陀！
我是一個固執自私的人，
因為我缺少喜樂的性格與胸襟，
因為我缺少感恩的思想與美德。
所以，
當事業不順時，我推諉過失；
當師長責備時，我怨天尤人；
當群眾聚集時，我儘量躲避；
當生活受挫時，我憂鬱煩惱。
佛陀，祈求您！
讓我在師長責備時，
能夠反求諸己；

讓我在事業不順時，
不再一意孤行；
讓我在群眾聚集時，
樂意與人結緣；
讓我在生活受挫時，
仍能展現歡笑。

慈悲偉大的佛陀！
我是一個學佛粗淺的人，
因為我身染習氣與業障，
因為我心懷疑嫉與惡性，
所以，我常常明知故犯，
所以，我往往一錯再錯。

佛陀，祈求您！
讓我在充實自我中，
增長智慧，建立自信。
讓我在精進修持中，
增長福德，建立尊嚴，
不再畏懼他人不屑的眼光；
不再懷疑別人善意的批評。
慈悲偉大的佛陀！
請求您接受我誠摯的祈願，
請求您接受我誠摯的祈願。

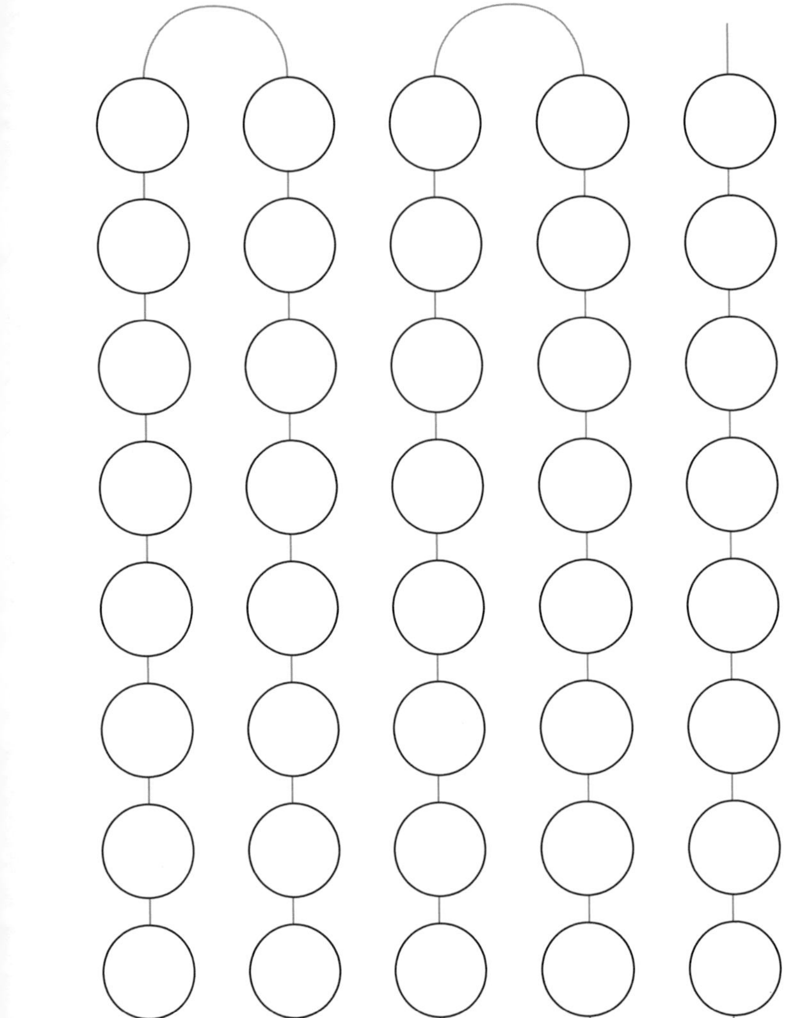

108

19 旅行出遊祈願文

慈悲偉大的佛陀！
經常聽人說：
「讀萬卷書，行萬里路。」
我對於這種逍遙的人生嚮往已久。
善財童子的五十三參，
多麼值得我們學習！
歷代祖師的雲遊行腳，
多麼值得我們效法！
只是，
現在的參訪旅遊，
多少的災難因此而生；
現在的舟車飛行，

多少的不幸因此而有。

慈悲偉大的佛陀！

請賜給我平安，

讓我能夠

歡歡喜喜地出門，平平安安地回家。

在旅行出遊的途中，

請讓我能有機會培植善因，

請讓我能有福報獲得助緣，

請讓我能了解世間的奇風異俗，

請讓我能通達各地的人情事理。

我要感謝佛陀，

您給我庇佑保護；

也感謝山河大地，
能供我到處欣賞；
也感謝河川大海，
能讓我安然遨遊；
也感謝藍天白雲，
能讓我飛揚自在；
也感謝樹木花草，
能讓我心曠神怡。
慈悲偉大的佛陀！
能得到一次旅行出遊，
我要感謝我的親友，
由於他們的支助，

我才有出遊的機會；
感謝多少人分擔我的工作，
我才能如此悠閒外遊；
我滿心的歡喜，
我滿心的感恩。
在旅行出遊的期間，
偉大的佛陀！
還是要祈求您，
加持我的平安，
庇佑我的順利。
慈悲偉大的佛陀！
請求您接受我的祈願，
請求您接受我的祈願。

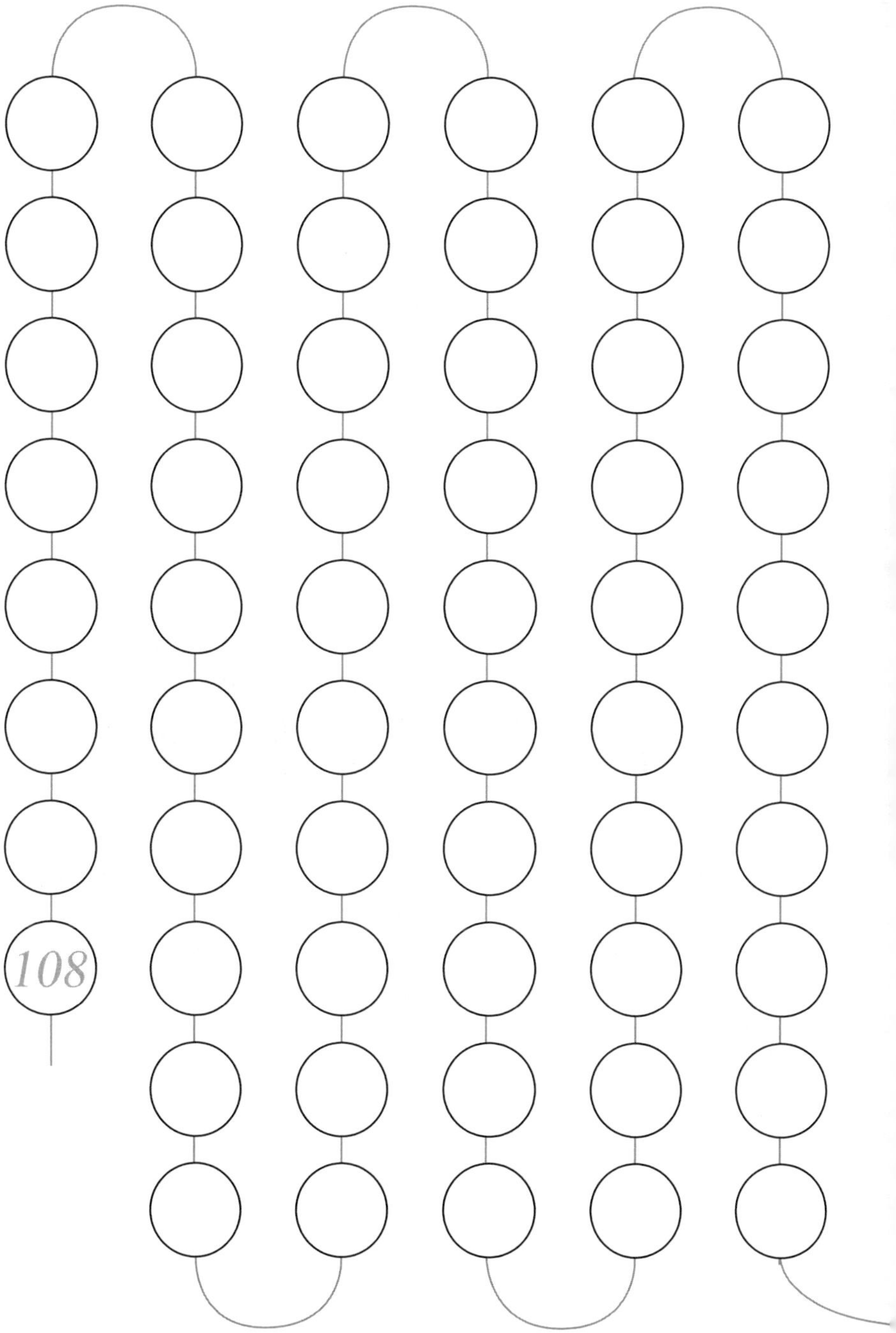
108

20 懺悔祈願文

慈悲偉大的佛陀！
弟子至誠懇切地匍匐在您的座前，
向您發露懺悔——
從無始以來，
我身業所犯的殺盜淫妄，
無數無量；
我口業所犯的惡語兩舌，
無窮無盡；
我意業所犯的貪瞋愚癡，
無邊無際。
現在只有仰仗佛陀您威神加被，
賜給我懺悔的力量；
現在只有依靠佛陀您遍灑淨水，

洗淨我深重的罪業。
回想我從小至今，
常常不明事理，不辨善惡；
常常昧於因果，顛倒是非；
常常執著邪見，自以為是。
為了保有自己的利益，
我多次見到苦難的眾生，
卻沒有伸出援手；
我多次遇到老弱的民眾，
卻沒有哀憐救濟。
由於嫉妒別人的擁有，
我妄加對方的過失，
我寬恕自己的行為。

慈悲偉大的佛陀！

這一切的作為，

都可以看得出我的罪業無邊！

今天，我跪在您的座前，

以無比虔誠的心意，

向您坦白發露，求哀懺悔。

祈求在佛陀您慈光的照耀下，

我能一改往昔的罪行，

我要以喜捨對治貪欲，

我要以慈悲對治瞋恨，

我要以誠信對治懷疑，

我要以謙虛對治傲慢。

從今天開始，

我誓願實踐佛陀您的行儀，
我要給人信心，
我要給人歡喜，
我要給人希望，
我要給人方便；
從今天起，
我誓願奉行您的教誨，
我要以五戒十善自利利他，
我要以三學增上福慧雙修，
我要以四恩總報回饋大眾，
我要以四攝六度饒益有情。
慈悲偉大的佛陀！
請求您接受我至誠的懺悔與發願。

跟著星雲大師念誦祈願文

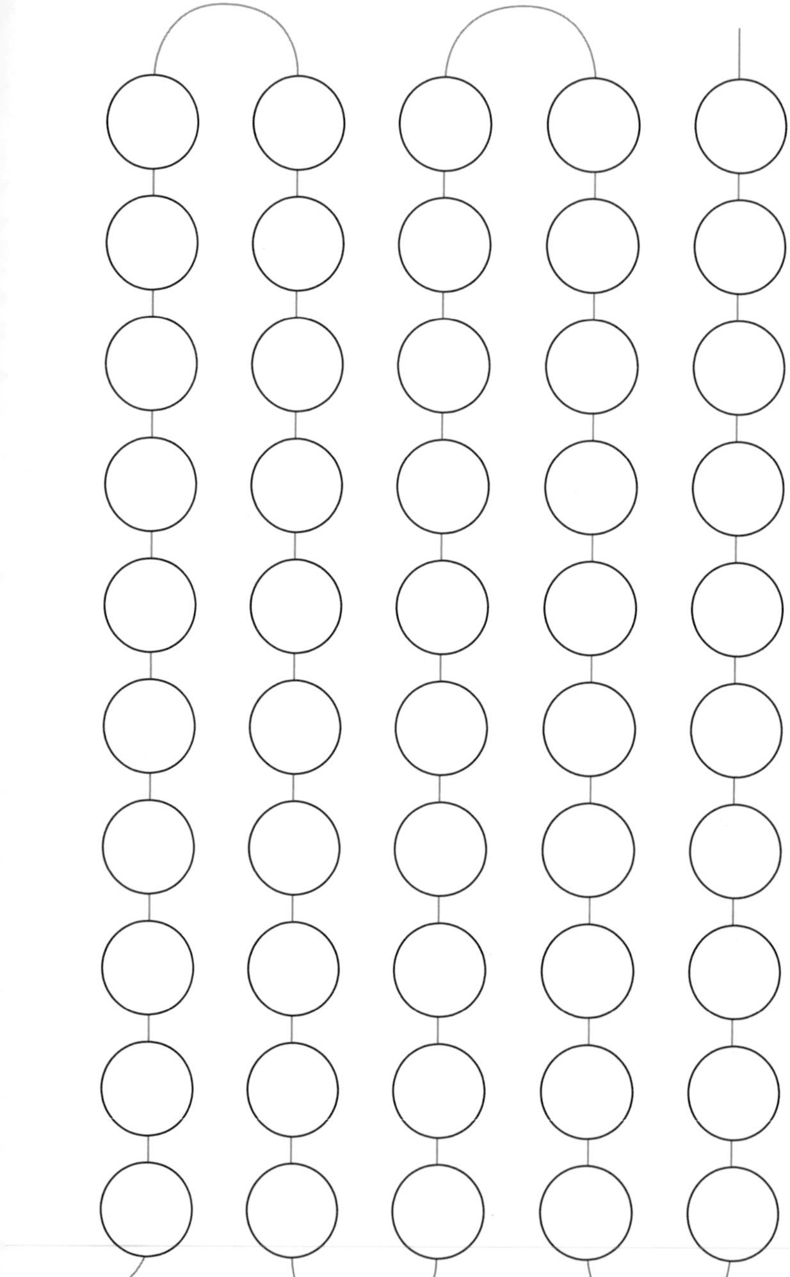

108

聆聽星雲大師親誦的慈音

佛光祈願文

20週年精選

人間文學 077

作　　者　星雲大師
繪圖提供　道璞法師

總 編 輯　賴瀅如
編　　輯　蔡惠琪
美術設計　蔡佩旻

出版・發行　香海文化事業有限公司
發 行 人　慈容法師
執 行 長　妙蘊法師
地　　址　241 新北市三重區三和路三段 117 號 6 樓
　　　　　110 臺北市信義區松隆路 327 號 9 樓
電　　話　(02)2971-6868
傳　　真　(02)2971-6577
香海悅讀網　https://gandhabooks.com
電子信箱　gandha@ecp.fgs.org.tw
劃撥帳號　19110467
戶　　名　香海文化事業有限公司

總 經 銷　時報文化出版企業股份有限公司
地　　址　333 桃園縣龜山鄉萬壽路二段 351 號
電　　話　(02)2306-6842

法律顧問　舒建中、毛英富
登 記 證　局版北市業字第 1107 號

書籍定價　新臺幣 100 元
出　　版　2022 年 8 月初版一刷

I S B N　978-986-06831-6-5
建議分類　心靈｜詩歌

香海文化　香海悅讀網

國家圖書館出版品預行編目 (CIP) 資料

佛光祈願文 20 週年精選 ： 聆聽星雲大師親誦的慈音／星雲大師著 . -- 初版 . -- 新北市 ： 香海文化事業有限公司 , 2022.08　128 面 ; 14.8×21 公分 . --
1. 心靈 2. 詩歌
ISBN 978-986-06831-6-5(平裝). --
224.518　111011908